德国工业技术文化研究文集
科技、教育与人文

钟　玲　周旺旺　主编

同济大学出版社·上海
TONGJI UNIVERSITY PRESS·SHANGHAI

内 容 提 要

本书是一部深入探讨德国工业技术文化及其与科技、教育和人文关系的文集,是深圳市人文社科重点研究基地——深圳技术大学德国工业文明研究中心的成果之一,也是中心第二部德国工业文明研究集刊。

本文集内容分为三个主题:德国工业技术文化,德国质量标准和数据保护,德国教育、技术人才与人文。各版块重在分析德国在工业技术、教育体系、质量标准制定、数据保护法规、职业教育模式以及人文思想等方面的先进经验和实践。本书主要受众是对德国工业技术文化、职业教育、科技政策及人文思想感兴趣的学者、研究人员、教育工作者与政策制定者。通过呈现这些研究,文集旨在为读者全面理解德国工业文明提供宝贵的视角和启示。

图书在版编目(CIP)数据

德国工业技术文化研究文集:科技、教育与人文 / 钟玲,周旺旺主编. --上海:同济大学出版社,2024.11. -- ISBN 978-7-5765-1370-7

Ⅰ. F451.6-53

中国国家版本馆 CIP 数据核字第 2024860QQ1 号

DEGUO GONGYE JISHU WENHUA YANJIU WENJI：KEJI、JIAOYU YU RENWEN
德国工业技术文化研究文集:科技、教育与人文
钟　玲　周旺旺　主编

| 责任编辑 | 吴凤萍 | 助理编辑 | 杨黄石 | 责任校对 | 徐春莲 | 封面设计 | 潘向蓁 |

出版发行	同济大学出版社　　www.tongjipress.com.cn
	(地址:上海市四平路 1239 号　　邮编:200092　电话:021-65985622)
经　　销	全国各地新华书店
排　　版	南京月叶图文制作有限公司
印　　刷	苏州市古得堡数码印刷有限公司
开　　本	787mm×1092mm　1/16
印　　张	9.25
字　　数	165 000
版　　次	2024 年 11 月第 1 版
印　　次	2024 年 11 月第 1 次印刷
书　　号	ISBN 978-7-5765-1370-7
定　　价	69.00 元

本书若有印装质量问题,请向本社发行部调换　　版权所有　侵权必究

本论文集为深圳市人文社科重点研究基地

——深圳技术大学德国工业文明研究中心成果之一

编委会

主　编：

钟　玲　深圳技术大学外国语学院教授
周旺旺　深圳技术大学外国语学院助理教授

编委会成员：

Franz Raps　深圳技术大学城市交通与物流学院讲席教授
Holger Haldenwang　深圳技术大学商学院讲席教授
韩培刚　深圳技术大学新材料与新能源学院讲席教授
吴　旭　深圳技术大学科研与校企合作部教授
潘铁文　深圳技术大学战略规划与发展办公室主任
黄曼雪　深圳技术大学质量和标准学院研究员
赖明明　深圳技术大学马克思主义学院(人文社科学院)教授
姜奕村　深圳技术大学外国语学院副教授
刘士文　深圳技术大学马克思主义学院(人文社科学院)教授
刘　汇　深圳技术大学质量和标准学院副教授

序

　　自工业化以来，德国的工业产品和制造业技术成就在全球堪称首屈一指，广受赞誉；往昔曾经带有羞辱和揶揄意味，甚至是劣质品代名词的"德国制造"，如今俨然已成为全球公认的高质量和著名品牌的标志，无论是耳熟能详的梅赛德斯-奔驰、宝马、保时捷、大众、西门子、巴斯夫等商品品牌和工业企业，还是闻名遐迩的德国工业标准（DIN）、包豪斯设计理念，抑或是当下广受推崇的"隐形冠军"概念等，不一而足。究其奥秘，在于德国雄厚的制造业基础、高质量的工业产品和强大的工业标准及规则制定能力，其真正的底蕴根植于德国历史悠久、璀璨夺目的工业文明和技术文化及其世代传承，即德国硬实力和软实力的有机结合。换句话说，德国历史悠长的手工业传统，一丝不苟、严谨务实的工匠精神，富于特色的师徒传承制度，理论分析和实践应用技能相结合的"双元制"职业教育体系，高水准的质量标准、品控体系，底蕴深厚的德意志哲学，相互融合浸润的艺术和技术等，均是德国工业文明和技术文化的有机组成和突出表象。

　　作为国内首个专门研究德国工业文明和技术文化的研究机构，深圳技术大学德国工业文明研究中心自2021年4月成立以来，汇集了深圳技术大学外国语学院资深教授和优秀青年才俊，在中外知名教授、专家组成的顾问委员会和客座教授的指导下，聚焦德国工业技术文化、德国技术人才培养体系、德国科技政策、德国工业标准以及德国科技哲学等领域，展开深入、细致的跨学科研究，致力于汲取德国工业文明和技术文化的经验教训，着力于培育中国技术文化，服务于中国现代制造业中心之一的粤港澳大湾区（特别是深圳市）。该中心2022年9月被评为广东省社会科学普及基地，2022年11月被认定为深圳市人文社科重点研究基地。同时，中心努力以相关研究成果培育指导学生、服务社会。

作为中心不断开展的研究工作的成果之一，本书是由中心主任钟玲教授和中心执行主任周旺旺博士主编的德国工业技术文化研究文集的第二辑，收录了该中心青年学者撰写的多学科研究成果，沿续第一辑的思路，按照德国工业技术文化，德国质量标准和数据保护，德国教育、技术人才与人文等三大主题，集萃相关专业论文。

纵览全书，有四个特点引人注目：其一，延续了首辑德国工业文明和技术文化的研究焦点，具有研究领域广阔、研究内容时间跨度长、研究方法和范式跨学科等丛书自身鲜明的特点。其二，研究论文不仅充分体现了主编对德国工业文明和技术文化的理解和重点突出的总体编排，还体现了文章作者们扎实的学术功底、活跃的叙述思维、敏锐的观察能力、突出的研究探索闯劲和规范的学术行文，以及娴熟的中外文运用和驾驭能力。其三，研究论文视角新颖，附加值高，各具特色。无论是以独具特色的德国行业协会为抓手研究工业技术的独特视角，还是对德国"工业4.0"背景下标准化体系的构建、流程制定、标准制定等实际操作和具体细节的详尽介绍，抑或是关于CiteSpace软件等计量方法的研究，以及对冯至诗歌翻译富于人文情怀的致敬，均会给读者留下深刻的印象。其四，本辑众多论文不仅就与德国工业技术文化相关的科技、教育和人文领域特定研究内容进行了深入的史料挖掘、科学分析，而且在此基础上特制阐明其对我们的具体启示与借鉴意义，这也体现了编写和出版此文集的本意："他山之石，可以攻玉"，研究和学习总结德国经验教训，根本目的是为实现中国式现代化提供参照和对标对象。

丁 纯

复旦大学教授，欧洲问题研究中心主任
欧盟让·莫内讲席教授
中国欧洲学会副会长，上海欧洲学会会长
深圳技术大学特聘教授
2024年8月27日于上海

前言

迈入新时代，中国如何推动产业升级、实现经济与社会的高质量发展成为一个重要研究课题。改革开放40多年来，中国作为世界上最大的发展中国家，在党中央集中统一领导下，经济结构调整稳步推进、人民生活水平日益提高、工业信息化与智能化行稳致远。在工业信息化与智能化转型过程中，如何提升国家工业治理能力现代化、如何创造一个良好的制度文化环境和人才培养体系，成为我们亟需解答的问题。

他山之石，可以攻玉。德国在高端制造业领域的成就举世瞩目，同时德国本土形成了符合自身发展特点的技术文化环境和人才培养模式。对德国工业发展经验和技术文化特点的总结，有助于中国从制造业大国迈向制造业强国。虽然中国与德国的历史环境、政治制度、经济发达程度、社会价值观念均有所不同，但是德国走向制造业强国的经验教训可以成为后来者的参考基线。历史告诉我们，德国在成为高端制造业的代名词之前，也被英国人嘲笑过——"Made in Germany"起初是用来标记低端产品和参差不齐的质量的。经过几代人的努力，高端制造终于成为德国工业的"皇冠"。

本文集是深圳技术大学德国工业文明研究中心德国工业技术文化研究文集的第二辑。文集中大部分文章源于2023年中心与《深圳社会科学》杂志发起的"德国工业文明研究"主题征文。感谢来自政治学、法学、教育学、文学、哲学、语言学和质量标准等领域所有作者的知识和贡献，感谢同济大学出版社责任编辑吴凤萍老师和助理编辑杨黄石老师对本文集的细致编辑和校对，感谢中心科研助理陈钰彤对书稿的整理和格式校对。特别感谢复旦大学丁纯教授为文集作序。

钟玲　周旺旺

2024 年 8 月于深圳坪山

目录

主题一　德国工业技术文化 ·· 1

　工业技术文化视角下德国行业协会的教育功能及影响
　　——以德国电气工程、电子和信息技术协会为例 ·············· 3
　德国科学传播与普及实践探究
　　——以对话科学（WiD）为例 ································ 17
　关税同盟对德意志帝国统一的影响 ································ 30

主题二　德国质量标准和数据保护 ································ 41

　"工业4.0"战略背景下的德国标准化管理体制及现状 ·············· 43
　德国个人数据保护的实践和对中国的启示 ························ 66

主题三　德国教育、技术人才与人文 ······························ 79

　职业技能与职业精神融合培养：德国经验与启示 ················ 81
　21世纪以来德国职业教育研究的文献计量分析
　　——基于CSSCI数据库的CiteSpace可视化研究 ················ 93
　德国职业教育行动导向的教学过程在高校德语教学中的应用探究 ·· 109
　中德文学翻译纪事：冯至的诗歌翻译和创作之路 ················ 121

主题一

德国工业技术文化

工业技术文化视角下德国行业协会的教育功能及影响

——以德国电气工程、电子和信息技术协会为例

周旺旺　深圳技术大学外国语学院德语系

内容概要：德国工业技术文化中的行会组织，既是科学、技术、产业和人员的连接者，又是教育功能和教育政策的推进者。本文以德国电气领域的德国电气工程、电子和信息技术协会为切入口，展现行业协会的教育功能和行业协会对工业技术文化的重要影响。德国电气工程、电子和信息技术协会的教育功能包括作为继续教育的组织者和教育政策的塑造者。本文认为，德国行业协会是传承、维护和塑造德国工业技术文化的重要领航者之一。

关键词：工业技术文化；德国；行业协会；教育功能

工业技术文化蕴含了一个国家或地区的工业体系、技术传统、企业制度和技术人才培养等要素。德国的工业技术文化因德国的制造业优势，备受学界关注。德国工业技术文化中包含众多行为者，除了国家、企业和人才，还存在一种既不属于公共部门，又不属于个体的特殊组织，这就是行业协会。德国的行业协会有多个专业方向，其宗旨都是维护行业利益。在德国工业技术传统中，行业协会组织长期立足于行业利益的坚守、工业体系的可持续发展和国家社会的整体关切。可以说，行业协会不仅是德国工业技术文化中的重要行动者，也是工业技术文化的塑造者。

对于行业协会而言，技术人才培养决定着未来的行业发展与国家竞争力。因而，培养和教育技术人才是行业协会的重点关切，教育功能成为行业协会塑造工业技术文化的重要抓手。本文将以德国电气和信息技术领域的重要协会——德国电气工程、电子和信息技术协会（Verband der Elektrotechnik, Elektronik und Informationstechnik,

VDE）为例，阐释 VDE 如何通过其教育功能塑造德国工业技术文化。这一研究有两个作用：在理论层面，有助于我们理解行业协会组织如何影响德国工业技术文化的形成、发展和演变；在实践层面，有助于我们借鉴工业技术文化意义下德国工程师人才培养和教育体系的发展路径与转型方向。

本文首先介绍 VDE 的发展史、组织职责与教育功能，其次介绍德国工业技术文化并阐明 VDE 对这种工业技术文化的影响，最后利用案例研究阐释 VDE 的教育功能及其影响力。

一、德国电气工程、电子和信息技术协会的发展历程

德国电气工程、电子和信息技术协会（VDE）是德国也是欧洲最大的技术行业协会组织之一，总部位于德国法兰克福（Frankfurt am Main），已有一百多年历史。VDE 集科学、标准化、检测、认证和应用于一体，其专业领域涵盖能源科技、信息技术、移动性、微电子/技术、医疗技术、测量和自动化技术/光学技术、技术标准化等。VDE 每年为全球 7000 多家企业的数十亿件电气产品进行 25 000 次的技术检测，所创立的技术标准规范达到 3500 条。VDE 在全球 60 多个地区开展业务，有超过十万名会员。

VDE 的历史可追溯到 1893 年，37 名来自德国电工协会的工程师决定在柏林成立 VDE，并成立了第一个技术委员会，主要任务是制定有关电气装置的技术标准。几年后，VDE 在柏林设立了办公室，并成立了新的技术委员会，包括安装和操作法规委员会，铜标准委员会，灯泡制造标准委员会，铁皮、电线与电缆标准委员会等。随后，VDE 出版其第一本《标准手册》，为行业制定了 17 条技术标准。20 世纪初，VDE 发展了 16 个电气工程协会。除了技术标准领域，VDE 还关注经济领域的各种问题，比如商业合同、行业生产和出口指标等。VDE 还加入了国际电工委员会（International Electrotechnical Commission，IEC），作为国际行业协会中的一员发挥作用。

VDE 也经历了战争和经济危机的冲击，比如第一次世界大战后德国很多公司破产且 1932 年的经济萧条导致 VDE 工程师会员数量锐减，第二次世界大战期间 VDE 由于其在电气标准领域的重要地位被纳入到纳粹主管的技术办公室之下。纳粹倒台后，VDE 被禁止开展业务。直到 1950 年，VDE 才开始在德国恢复工作，总部也从柏林转移到了法兰克福。在此期间，VDE 也取得了一些进展：第一，在两次

世界大战的间隙 VDE 通过注册"VDE 标准"商标，在市场和法律层面建立起电气技术标准行业领域的权威；第二，VDE 在 1928 年成立出版社，促进了电气技术标准的印刷物传播，加快了德国境内电气技术标准的统一；第三，1935 年德国《能源法》中明确了 VDE 在能源领域的技术规则制定者的地位。

20 世纪 50 年代，VDE 进入拓展期。1954 年，VDE 牵头成立了第一个专业协会——电信协会（die Nachrichtentechnische Gesellschaft，NTG）。20 世纪 60 年代，VDE 创建了首个无线电保护标志，进一步提高了自身在技术标准制定领域的权威。1966 年，VDE 成立了职业问题委员会，开始关注职业技术和工程伦理问题。随后的 40 年，VDE 进入发展快车道，其工作进展主要体现在以下两方面。

第一，扩大电气标准领域影响力。在电工标准领域，随着国际和西欧的电气技术标准交流平台的发展成熟，德国标准协会（Deutsches Institut für Normung，DIN）和 VDE 共同成立德国电工委员会（Deutsche Kommission Elektrotechnik，DKE），在法律上由 VDE 代表。DKE 在国际电工标准化组织中代表德国利益，并在 20 世纪 70 年代成立能源技术协会，在 20 世纪 90 年代成立女性电气工程师委员会、与 DIN 合作成立"VDE/VDI 微电子、微精密工程专业学会"，完善了 VDE 的专业覆盖面。DKE 在德国经济部的主导下，成为当时实施《欧共体低电压指令》的实际机构。1986 年，VDE 与德国工程师协会（Verein Deutscher Ingenieure，VDI）在德国联邦科技部的资助下，联合建立 VDI/VDE 信息技术中心，为中小企业实施新技术提供支持。VDE 在行业内的巨大影响力和权威，使其也越来越受到联邦政府的重视。这为其将来更深入地影响相关政策制定、塑造德国工业体系和技术文化奠定了基础。

第二，深耕电气行业教育。在电气教育领域，随着西欧国家对科学教育和职业培训的重视，西欧建立了促进电气工程师和科学家之间交流的 EUREL（The Convention of National Associations of Electrical, Electronic and Information Technology Engineers of Europe）组织。VDE 也相应地成立了工程师教育委员会，专注探讨德国电气工程师的职业教育问题。20 世纪 80 年代中期，VDE 又成立了青年会员委员会，为德国青年工程师的交流和成长提供发展平台。同时，VDE 还发布了《联邦德国电气工程师研究报告》，为工程师就业提供指导。如今，VDE 每五年发布一次此报告。VDE 组织的活动也受到德国联邦总理、联邦经济部长和联邦教育与研究部长的支持。

回顾 VDE 一百多年的发展历程，其中有三个里程碑：第一个里程碑是 VDE 凭借其在专业技术领域细致而全面的技术标准制定工作，获得行业认可；第二个里程碑是第二次世界大战前 VDE 在能源领域技术标准的制定者地位，受到了国家法律承认；第三个里程碑是 20 世纪六七十年代 VDE 正式在国际层面代表德国权威技术标准组织，并且开始涉及德国工程师的教育和职业议题，推动了德国工业体系和工业技术文化的可持续发展。

二、德国电气工程、电子和信息技术协会的组织职责与教育功能

（一）组织与职责

VDE 的组织机构包括：1. 代表大会（die Delegiertenversammlung），也是 VDE 最主要的决策机构，主要功能涵盖选举主席团、通过重要纲领性文件、审批每年财政预算等；2. 主席团（das Präsidium），在公开场合代表 VDE，是 VDE 主要的行政部门，职能涵盖起草代表大会指南、任命董事会成员、监督董事会的日常管理工作；3. 董事会（der Vorstand），受主席团任命，至少两名成员，负责协会的日常运行工作。代表大会的成员和主席团的成员均在名誉上开展工作，董事会成员会获得适当的报酬。

VDE 下设六大专业技术协会，如能源技术协会（Energietechnische Gesellschaft，ETG）、生物医药技术协会（Deutsche Gesellschaft für Biomedizinische Technik，DGBMT）、微电子、微系统和精密仪器协会（Gesellschaft Mikroelektronik, Mikrosystem und Feinwerktechnik，GMM）、测量技术和自动化技术协会（Gesellschaft für Mess- und Automatisierungstechnik，GMA）等，标准化领域另设德国电气工程、电子、信息技术委员会（DKE）和网络技术/网络运营论坛（Forum Netztechnik Netzbetrieb，FNN）。除了专业协会，还设立了防雷和防雷研究委员会，安全和事故研究委员会，电气工程师委员会，大学、职业与社会委员会（VDE-Ausschuss Studium, Beruf und Gesellschaft）以及女电气工程师委员会。在青年工程师方面还特别设立了 VDE 青年网络（VDE Young Net）。

根据 VDE 章程规定，协会职责如下：一是为电气工程、电子、信息科学等相关领域制定技术标准和安全标准、提供一体化认证测试；二是促进相关科学和技术领域的研究、应用以及工程师的继续教育和后继人才培养；三是面向社会大众普及协会的工作内容和意义。具体而言，为实现第一个目标，VDE 会采取如下措施：1. 制定、发布和解释 VDE 规定；2. 实施 VDE 测试和认证体系；3. 作为行业权威

参与科学技术应用标准制定、出版和解释。为实现第二个目标，VDE 则主要通过独自或与国内外其他协会如国际电工委员会、特高压国际标准研讨会（Conseil International des Grands Réseaux Electriques，CIGRE）合作举办活动，推动电气、电子和信息科学的学术交流与行业发展。在职业教育领域，VDE 举办大量的培训活动，促进该领域青年工程师的培养，并积极参与相关教育政策的塑造和教育体系设计。为实现第三个目标，VDE 鼓励、促进协会非营利项目的发展和支持协会成员为符合协会规定的非营利项目而工作，并通过出版和推广有关工作报告，保持协会工作的对外透明性。[1]

通过对 VDE 一般功能的解析可以发现：VDE 既是企业、政府、劳动人才的重要连接者，又是推动德国工业人才培养体系和教育转型的重要参与者。接下来我们将重点阐述 VDE 的教育功能。

（二）教育功能

VDE 的教育功能主要体现在两个方面：一是作为继续教育的组织者，二是作为教育政策的塑造者。VDE 六大专业技术协会和特殊领域委员会，通过举办研讨活动和培训活动，承担各专业领域继续教育的组织者角色；VDE 大学、职业与社会委员会则时而单独、时而联合 VDE 政府事务部门，与德国决策部门密集互动，扮演教育政策重要塑造者的角色。

第一，继续教育功能。VDE 目前有大概有十万名会员，会员类型主要分为企业、一般人员、青年职业人士和在校大学生。不同类型的会员需要每年支付一定额度的会费，作为回报，他们每年可以获得协会的重要出版物和学习材料、参与行业内重要会议。更重要的是，VDE 行业协会会员可以参加每年数百场的培训会或研讨会（见表1）。35 周岁以下的青年职业人士，还可以通过加入 VDE 青年网络拓展职业网络。

表 1　VDE 会员类型、会费划分和会员福利

会员类型	会费	会员福利
企业	第一年免费，第二年起每年 120 欧元起	科研和青年人才培养 国际合作 技术知识转移 技术规则的国家和国际标准 组件、设备和系统的测试与认证 专业期刊和书籍等出版物

(续表)

会员类型	会费	会员福利
一般人员	第一年免费，第二年起每年86欧元	免费参加汉诺威工业博览会 免费的VDE Visa卡，以及享受Sixt和HRS优惠
毕业4年且35周岁以下的青年工程师	第一年免费，第二年起每年43欧元	VDE（最多4年）以实践为导向的研讨会 免费参加汉诺威工业博览会 免费的VDE Visa卡，以及享受Sixt和HRS优惠
在校大学生	第一年免费，第二年起每年16欧元	VDE以实践为导向的研讨会 免费参加VDE会议 VDE研究报告和VDE青年专业研究与工作报告 一次性订阅贸易杂志 免费参加汉诺威工业博览会 免费的VDE Visa卡，以及享受Sixt和HRS优惠

资料来源：VDE Mitgliedschaft [DB/OL]. [2022-01-24]. https://www.vde.com/de/mitgliedschaft.

VDE每年会以微电子、信息技术、能源技术、生物技术等主题平均举办1600场活动[①]，其中，在德国境内会举办多个线上、线下研讨会（Seminare），关注行业热点问题如行业趋势、企业运营管理、专业技术领域等议题。专注培养青年职业人才的VDE青年网络就各种主题的研究项目进行项目征集、遴选、孵化和资助，帮助青年工程师提升项目设计和项目管理能力。目前VDE青年网络资助运行的项目有9个，涉及公司运营分享、品牌营销管理、气候变化和地球未来、生物医学工程、与联邦部长同数字初创企业对话等各种主题。另外，VDE还定期出版行业内权威的图书和杂志，覆盖通用电气工程、驱动技术、自动化技术、电力工程、电气规划和电气安装、能源法和能源市场等专业领域，为工程师继续教育和职业成长提供充足的资源。

第二，对教育体系和教育政策的塑造功能。VDE通过不同下级部门，主要以三种方式影响德国的教育决策和教育体系构建。

1. 以设立政治代表处的方式。VDE在柏林、各联邦州以及欧盟各机构（如欧盟委员会、欧洲议会）均设立代表处，并通过三种渠道发挥政策咨询作用：①VDE的专业建议为政治家提供教育政策的决策基础；②通过专业支持为欧盟委员会的创新议程和联邦政府的"高科技战略"提供科学咨询；③和联邦教育与研究部、联邦经济部合作，促进研究资助、推广未来技术。VDE凭借其在科学技术和行业领域的权威，为德国和欧盟教育科研政策决策者提供重要支持。

---

① 笔者根据VDE官网数据统计得出，2022年之前，VDE已提前安排了356场2022年1月至2024年年底的活动。

2. 以发出政策声明的方式。VDE 大学、职业与社会委员会是 VDE 就教育议题对外发表意见的重要载体。① 涉及的问题广泛而全面，声明建议也往往一针见血。比如，针对德国就业市场对工程师的需求长期得不到满足的问题，VDE 一方面要求高校提高入学咨询服务质量，降低工程专业学生的辍学率和转学率，并倡导政府通过财政手段降低教授负担以提高辅导质量和工程教育质量[2-3]，另一方面号召企业在经济不景气时期不能过度冻结工程师招聘，以免打击未来入学者对工程专业的兴趣。[4]

3. 以政治对话和专业咨询的方式。VDE 政府事务部和 VDE 大学、职业与社会委员会两部门综合双方优势，有时会在交叉议题比如教育政策上共同行动。前者擅长与政界沟通，作为政治舞台上的独立顾问，与德国联邦议会、州议会、欧洲议会成员以及政府官员包括部长和国务秘书定期会面，代表行业利益，同时为塑造未来的技术格局提供专业、科学的咨询。后者则通晓教育事务，是德国主要政党如联盟党、社民党、自民党、绿党董事会议（Gremiensitzung）的咨询专家，也是联邦议会和州级议会成员的定期对话伙伴。在更有效推进德国职业教育的数字转型上，VDE 的政府事务部门和大学、职业与社会委员会紧密合作，积极同参与决策的各级议员和官员对话，推动政策转型。

三、行业协会作为德国工业技术文化的行动者

（一）工业技术文化与行业协会

德国是一个具有深厚积淀的工业大国，在过去二百年中形成了独特的工业技术文化，成为其工业发展和技术进步的文化基础。这种工业技术文化，简单地说是一种根源于技术和机器、围绕着企业而形成的一种文化。这一文化是支撑企业和技术良好运行的不成文规则。而工业技术文化中的行动者，是指那些基于产业和企业形成的各种利益群体，包括各种行业组织或社会组织。它们在维护工业生产与企业的利益及权益，推动有关决策、立法和资源分配等方面发挥着巨大的作用。另外，因为工程师教育、人才培养以及职业素养的训练与产业利益密切相关，所以它们历来受到这些行动者的关注。从这个角度来说，它们也是德国教育政策的参与者。可以说，德国职业教育、应用型人才的培养均在这种工业技术文化的氛围中得到发展和保障。

本文的研究对象"德国电气工程、电子和信息技术协会"（VDE），既是工业界

---

① 笔者根据 VDE 官网数据统计得出，2004—2021 年该委员会就工程师教育议题对外共发出 47 次建议（Empehlung）或立场声明（Position Paper）。

和科学界的信息汇集地，汇聚了科技研发、行业动向、就业市场和工程师培养等重要行业信息，也是未来行业前进与经济发展的重要风向标。这说明不管是在德国产业界、经济界、社会团体还是政府部门，行业协会都具有非常高的行业权威和话语影响力。行业协会也通过各种政治、经济、法律、社会手段参与制定与工业、企业相关的政策，一方面通过如出版行业学术报告、发出立场声明和政策建议，维护工业和企业的利益；另一方面则是从宏观视角出发，通过提供专业建议和支持帮助政府在工业发展、经济竞争力与教育体系设计等重要议题上确定发展方向。

因此，德国的行业协会不仅是德国工业技术文化中的主要支撑力量，也是工业技术文化的守护者、塑造者和促进者。而教育问题一直是这些组织机构特别关注的一个核心议题，VDE就是其中对教育体系和教育政策产生影响的塑造者之一。

（二）以行动和教育塑造德国工业技术文化

VDE是德国电气、电子技术和信息技术三个专业领域的综合行业协会。信息化、电子和电气技术既是引领企业和产业不断向上攀登的引擎，又是当下的技术前沿，因而行业竞争一直激烈。VDE意识到，行业发展好坏即意味着经济形势好坏，行业的兴衰也直接联动影响社会就业和个人福利，因此从很大程度上来说，行业的利益与社会利益、国家利益整体上是一致的。VDE基于这样的意识开展行动，因此有利于VDE的行动和关切会获得社会关注以及国家重视。

科学探索和技术研发意味着行业前进的核心动力，而工程师和专业人才则是创造与把握这种动力的核心主体。因此，除了高度重视科技研发和学术交流，VDE通过定期观察劳动力市场、工程师培养以及职业教育体系发展，密切追踪行业领域专业人才供应问题。表2列出了2004—2021年VDE针对工程师培养和教育转型等重要问题发出的政策建议和立场声明。

表2 VDE 2004—2021年针对工程师培养和职业发展问题发布的政策建议和立场声明文件总结

议题内容	建议对象	具体内容和时间
工程师培养和高校发展问题	高校	工程师本科硕士制引入问题（2004年） 对本、硕学制的工程师的承认问题（2008年） 工程专业本科生源不足和提高高校咨询质量的建议（2007年） 培养方案：信息学和工程学专业学科发展的建设（2007年） 工程专业博士学位学习设计（2008年） 提高高校资助以提高教师质量和学生教育质量（2010年） 优化入学专业咨询工作、降低工程专业学生辍学率（2010年） 强调对女性工程师后备人才培养的重视（2011年）

(续表)

议题内容	建议对象	具体内容和时间
工程师职业技能培养和职场发展问题	高校和企业	工程师核心技能培养与"双元制"模式（2013年） 号召高校和企业提高国际多元化水平、对具有国际背景的工程生源提高开放水平（2015年） 改善德国高校创业文化（2015年）
能源转型、人口转型、数字转型等挑战下的工程师教育、高校发展和师资培训等政策建议	政府	理清能源转型背景下工程师职业塑造和核心技能转变问题（2014年） 2030年之前职场技能、职业教育和劳动人才培养问题研究（2014年） 如何提高国家MINT论坛宣传水平和提升工程师职业吸引力（2015年） 德国电气工程师后备人才只能覆盖未来一半用人需求（2016年） 数字化和教育内容、模式的转型建议（2016年） "工业4.0"背景下数字化浪潮中工程师普通教育、继续教育和职业教育的转型（2016年） 能源转型对工程师职业教育的影响（2017年） 数字背景下的社会、国家、教育、职业转型（2018年） 数字化：一种跨学科视角（2018年） 警示德国教育政治家：在数字教育转型中缺乏总体规划（2019年） 捍卫德国技术主权背景下的工程师教育和继续教育问题（2021年）

资料来源：作者根据VDE官网信息总结。

第一，针对劳动力市场问题。VDE从2000年年初就注意到德国工程师供应不足恐威胁未来行业发展，并且从多维度持续探索工程师供应不足的核心根源，比如本科生辍学率高、高校的本科生专业咨询不足、教授压力过大导致辅导质量不高以及经济衰退和招聘冻结导致工程专业吸引力下降。工程师的数量和质量是保证德国电气、电子技术和信息技术行业竞争力的必要指标，如果行业空有技术优势，没有人才，不但不能运转起来，还会逐渐丧失技术优势，事关重大。VDE通过公开文件，从政府层面号召增强对高校的财政支持，降低教授任务压力，提高对工程师的辅导时间和质量；从高校层面建议学校做好专业咨询工作，降低后期因期望和实力差异导致的辍学率和转专业率；从企业层面提醒企业在经济下行趋势下不要过度冻结招聘，打击工程师的就业信心。可以说，VDE充分发挥着行业协会作为连接者的优势，在劳动力市场这样的重要议题上，协调上下游关系，解决专业人才供应不足的问题。

第二，针对工程师培养问题。工程师培养体系设计直接关乎工程师的培养质量和行业发展质量。VDE建议德国将工科传统的本硕连读学制改为本科、硕士分开制后，新学制下学位证书上的"工程师"标记也需要继续保留在证书上，以增强工程师的职业认同感和就业信心，并保证工程专业对学生的吸引力。此外，就电气工程专业、电子专业和信息学专业三者的跨学科发展，VDE 建议培养方案和教学大纲既要重视教授各学科的基础知识体系，又要注重培养细分专业方向的理论素养。并且，为了培养更多高级工程人才，VDE 普及工程专业博士学位的学习内容和博士学习的社会意义与职业意义，鼓励更多年轻人勇于成为高精尖工程师。

第三，针对职业教育问题。VDE 一般会通过解析当前行业竞争力、企业研发实力和对工程师核心技能的新要求等，公开发布对职业教育体系和政策的建议。比如，决定向绿色能源转型的德国应该根据新的能源趋势相应调整职业教育人才培养布局，人口变迁和老龄化背景下德国应"开源节流"以保证工程师人才培养数量和质量，在数字转型对职业人才的数字技能和工作含义均提出挑战的背景下，德国政府应该重新思考产业和企业对技术人才的技能要求，并根据数字转型特色调整职业教育体系和培养方案，以适应新的时代形势。

VDE 对技术人才培养、劳动力市场发展和职业教育等议题的长期密切关注和积极参与，恰恰体现了其工业技术文化中的积极行动者的角色定位。VDE 的教育功能，一方面体现了 VDE 非常注重保证德国工业技术文化的可持续传承——保证德国技术人才的数量和质量就是捍卫德国工业竞争力和工业技术文化的核心价值，另一方面也说明 VDE 有意提高德国工业技术文化的社会适应性和时代顺应性。只有根据时代挑战和行业要求不断调整人才培养的方式和模式，才能使工业技术文化在不同时代背景下保持生命力。

总之，VDE 的目标不是维护狭隘的协会利益和行业利益，而是要在保证行业利益与社会利益、国家利益一致的前提下，获取社会认同，争取国家支持，保证行业的竞争力和创造力。

四、案例研究：VDE 对"教育 4.0"转型的影响

本节以 VDE 对德国"教育 4.0"转型的影响为案例，解析行业协会对德国工业技术文化的塑造作用。[5]

作为世界高端制造业强国，德国在 2000 年年初就已经开始着手"工业 4.0"相关的技术研究，直到 2013 年，在汉诺威工业博览会上"工业 4.0"突然成为全世界的热门概念。随着对工业生产智能化和工业服务智能化的重视程度的提升[6]，德国开始进入全面的数字化转型阶段。在这一过程中，联邦政府也制定了一系列政策框

架，以指导德国的数字化转型。德国的数字转型并不是单纯的技术转型或者行业转型，而是涉及未来德国整个国家与社会的发展方式、劳动方式和生活方式的转变。①

当前数字浪潮下德国的"教育4.0"转型，涉及对不同层次技术人才或工程师的数字技能培养、高校课程大纲改革、职业教育培养体系更新、教师数字技能培训以及职场人士数字能力的继续教育等内容。联邦政府和决策者不仅意识到数字化转型中"教育4.0"转型的重要性，而且还投入了大量人力、资金和政策推动转型。

然而，联邦政府的政策和资金支持有时并没有正中改革核心目的。比如，2016—2018年VDE大学、职业与社会委员会连续两年对德国政府数字教育政策提出批评，认为联邦政府仅计划为数字转型中的数字设备投入50亿欧元，不仅缺乏数字教育转型的大局观，更没有抓住问题的本质。VDE提出了两点建议：①在改善多媒体设备和基础设施的同时，更应注重课程调整、教学大纲和数字教育内容修订，在所有联邦州推出统一的数字能力培养方案和数字教育内容，而不是任各联邦州独自行事，最后导致内容和效果参差不齐；②要重视培养教师对信息数字技术的专业偏好，为教师的数字技能培训投入更多政策资源，并对德国职业教育教师进行必要的统一资格认证，从职业教育的源头保证职业教育的师资质量和预期效果。[7]

为了参与并有效影响德国教育体系的数字转型，VDE主要通过两条路径行动。

第一，针对"教育4.0"转型联合发声。2018年，VDE大学、职业与社会委员会先是通过对外公开发布立场声明和研究报告，引发行业层面和社会层面对"教育4.0"转型的关注和讨论。同时，委员会还联合VDE政府事务部负责人一起积极与联邦层面、联邦州层面的教育政策负责人如基民盟/基社盟（CDU/CSU）议会数字议程小组副主席、社民党（SPD）议会数字协议小组负责人、绿党（Bündnis 90/Die Grünen）教育政策发言人以及自民党议会（FDP）儿童和青年小组发言人进行建设性政策会谈，表达行业对数字转型具体实施的关切，针对"教育4.0"转型中的培养内容和师资培训提出建议。[7] 另外，委员会还作为政党决议背景下各主要政党董事会会议的专家顾问，以及权威行业组织、科学技术专家与行业利益代言人，传达建议、塑造政治议程。

第二，推动自身理念融入政策制定。作为VDE政府事务负责人的马库斯·耶格尔（Markus B. Jaeger）曾言，与政界人物的对话对于表达行业利益和塑造政治

---

① 伴随"工业4.0"或一系列数字化转型议程，还出现了诸如"社会4.0""劳动4.0""学校4.0""行政4.0"和"教育4.0"等概念。这些都可通过德国联邦经济部、联邦教育与研究部官网上的政策文件关键词了解到。

议程是十分必要的。影响政策制定的主要方式是发挥"技术专家过滤器"作用，为政府决策者筛出客观而有价值的科学技术参考信息。在 VDE 看来，与政府对话是否成功有两个界定标准：①如何将自己的理念引入政治；②政治决策者对自己的理念持何种开放态度。第一个标准是指 VDE 是否妥当地让政府和社会注意到其关切和意见，第二个标准则是指决策者是否听得进去这些信息和理念。

按照以上两条标准，VDE 成功影响了"教育 4.0"转型。联邦政府针对"教育 4.0"转型颁布的新文件纳入了 VDE 的主要意见。

首先，加强对教师数字能力的培养和对教学内容的修订。2019 年德国新颁布的指导文件《中小学数字契约》（*DigitalPakt Schule 2019 bis 2024*）规定，既要加强对教师、培训人员、考核者的数字能力考查和素质培养，又要敦促各联邦州加快对教学大纲、培养方案和教学内容进行调整，使之满足基本数字能力、数字素养和数字社会意识方面的教学需求。[8] 简而言之，在重视数字设备投入的同时，也重视对教师、培训人员、考核者的数字能力和教学方案的数字化改革。

其次，强化对"教育 4.0"师资的统一管理。2019 年年底联邦教育与研究部发布的《资格培养 4.0：数字转型中职业培训人员的资格培养倡议》（*Qualifizierung 4.0：Eine Qualifizierungsinitiative für Berufsbildner in der digitalen Transformation*），旨在开创和实施有效的培训理念。其重点是使培训过程和受训教育者符合数字化变革的新要求，并且强调在开发教育者资格认证时要考虑区域和行业的特定差异。联邦政府通过实施这项倡议，旨在加强对"教育 4.0"转型中职业培训教师资质的控制和统一化管理。[9]

从以上案例可以看到，VDE 作为重要的行业协会，注重将行业利益、国家利益、社会利益三者有机结合，在教育决策和工程师培养方面具有广泛影响，成功影响了数字转型过程中的德国教育政策制定。

五、结语

在教育领域，VDE 依托其巨大行业影响力和广泛受众，成为行业内实实在在的继续教育实施者，以及教育政策与教育体系的塑造者。VDE 作为德国工业界、科技界、政界和技术人才的重要连接者，凭借其在电气工程、电子和信息技术等领域无可撼动的影响力，掌握着行业和技术前沿信息，在国家层面和社会层面普及着行业发展的意义和协会工作的价值。并且，在意识到教育政策对后继人才培养、行业竞争力及国家创造力提升的决定性作用后，VDE 在微观层面投入力量举办大量职业和技术培训活动，在宏观层面参与德国教育政策的塑造，以推进行业和工业技术文化朝着符合行业、社会和国家利益的方向发展。德国行业协会将会从社会维度、职业维度和时代维度一直影响、塑造和推动德国工业技术文化的演变与发展。

从社会维度来看，工业技术文化指的是工业技术与社会之间的相互影响。而德国是一个非常重视"社会"（sozial）的国家，政治决策者在制定决策时非常重视政策对"社会"即人的影响。而德国行业协会的行动恰恰体现了其"社会"关怀，因为其一直致力于帮助企业和行业在工业技术体系中培养和发展可持续竞争力，从而成为推动工业技术文化不断繁荣的生力军。

从职业维度来看，工业技术文化中最重要的就是"劳动"，尤其是"人的劳动"。机器的劳动可以直接通过技术一次性实现或解决，而人的劳动价值尤其是大量劳动群体的劳动必须通过贯彻高效而专业的职业培训才能实现。因此，从提高职业性的角度改善工业系统和技术进步的效率，也是德国工业技术文化中的行动者——行业协会一直致力实现的目标。

从时代维度来看，工业技术文化不会一直一成不变，不同时代背景下，新的生产工具的出现、生产力的改善、劳动关系的改变都会对工业运转系统和社会适应能力提出不同挑战。两百多年来的几次工业革命就一直不断塑造着我们的生产方式、工作方式和生活方式。德国的行会组织敏锐把握行业前沿和产业趋势，因而成为帮助德国工业技术文化奔向未来的重要导航仪，也成为德国工业技术文化名副其实的促进者和塑造者。

参考文献

[1] VDE. Satzung. Gültig ab 1. Januar 2003[EB/OL]. [2022-03-01]. https://www.vde.com/resource/blob/936774/f715b6385f208cc4e094444cd88a47b6/vde-satzung-data.pdf.

[2] VDE. Studie zur Personalentwicklung und zu den Handlungskompetenzen von Fach- und Führungskräften im Hinblick auf die Energiewende und den demografischen Wandel bis 2030 - Teil 1, 2014[EB/OL]. [2022-01-24]. https://www.dvgw-veranstaltungen.de/medien/bbw/berufe/infos/qualifizierung/personalentwicklungsstudie2030_teil1.pdf.

[3] VDE. VDE-Empfehlung Qualität der Lehre braucht bessere Hochschulfinanzierung, 2010[EB/OL]. [2022-01-24]. https://www.vde.com/resource/blob/2020300/3700148e0b849699ce4b00418c652479/empfehlung-data.pdf.

[4] VDE. Thesen und Empfehlungen zur Sicherung des Ingenieurpotentials in der Elektro-und Informationstechnik[EB/OL]. [2022-01-24]. https://www.vde.com/resource/blob/2019816/

f213d2b206856763411a778f436257cd/thesen-und-empfehlungen-data.pdf.

[5] 伍慧萍. 德国职业教育的数字化转型:战略规划、项目布局与效果评估[J]. 外国教育研究,2021(4):76-88.

[6] D21-Digital-Index 2020/2021|Initiative D21[EB/OL]. [2022-01-24]. https://initiatived21.de/d21index/#:~:text=Die%20gro%C3%9Fe%20Gesellschaftsstudie%20D21-Digital-Index%20liefert%20ein%20umfassendes%20j%C3%A4hrliches,bildet%20der%20D21-Digital-Index%20die%20gesamte%20deutsche%20Wohnbev%C3%B6lkerung%20ab.

[7] VDE. VDE-Appell an die Bildungspolitiker: Es fehlt das Big Picture in der Digitalen Bildungspolitik,2019[EB/OL]. [2022-01-23]. https://www.vde.com/de/arbeitsfelder/politik/politik-news/digitale-bildungspolitik.

[8] DigitalPakt Schule 2019 bis 2024[EB/OL]. [2022-02-28]. https://digitalpakt.org/digitale-bildung/eine-zwischenbilanz-nach-den-ersten-eineinhalb-jahren-digitalpakt-schule-2019-2024/#:~:text=Am%2017.%20Mai%202019%20trat%20die%20%E2%80%9EVerwaltungsvereinbarung%20DigitalPakt,Mitteln%20bei%20der%20Digitalisierung%20schulischer%20Infrastruktur%20unterst%C3%BCtzen%20kann.

[9] Qualifizierung 4.0: Eine Qualifizierungsinitiative für Berufsbildner in der digitalen Transformation [EB/OL]. [2022-02-28]. https://www.bmbf.de/bmbf/de/home/_documents/qualifizierungsinitiative-digitaler-wandel.html.

德国科学传播与普及实践探究

——以对话科学（WiD）为例

李琦琦　深圳技术大学外国语学院德语系

内容概要：提升全民科学素养是建设创新型国家的关键。全面提高科学教育水平离不开对科学传播与普及的重视。德国作为科技强国有着重视科学教育和传播的优良传统，本文在追溯德国科学传播与普及起源和动机的基础上，深入分析了德国科普传播机构——对话科学（WiD）近二十几年来的科学传播工作策略及其实践现状。

关键词：德国科学传播与普及活动；德国科学传播组织；对话科学

1999年5月，德国科学资助者协会邀请德国学界、商界、政界和媒体界等各界人士会聚波恩科学中心，并对所有德国主要科学组织发起关于共同签署"促进公众理解自然科学和人文科学（PUSH）"备忘录的倡议。其目的是让科学走出"象牙塔"，促进科学与社会之间的对话，鼓励科学家以非专业人士可以理解的形式公开展示他们的工作。倡议要求高校和研究机构提供必要的基础设施，并制订教育和培训计划，使科学家能够公开展示他们的工作及成果。该倡议获得德国各界充分肯定，包括德国科学基金会、德国大学校长协会、德国马普学会以及德国亥姆霍兹联合会等重要科研机构都明确支持并承诺将在自己的领域内尽全力实施这些措施。科学传播这一概念也由此在德语科学体系中得以确立，它既是研究对象，也是对科学家和科学机构的行动要求。2000年5月，来自德国科学领域的八个组织的代表签署了关于成立对话科学（Wissenschaft im Dialog，WiD）机构的文件，将WiD作为"促进公众理解自然科学和人文科学"（PUSH）备忘录的行动实施机构。作为致力于传播科学的机构，WiD 不仅获得了科学界的认可，还得到企业界重要基金会的合作支持以及德国联邦教育与研究部的项目资助。[1-2] 本文将在追溯德国科学传播与普及的起源和动机的基础上，对德国科学传播机构 WiD 的成立及其自成立以来的科学传播工作理念和实践进行探讨分析，以期为我国科学文化传播工作相关机构和研究者提供参考和借鉴。

一、德国科学传播与普及的起源及其动机

尽管德国关于共同签署"促进公众理解自然科学和人文科学"备忘录的倡议在 1999 年才提出，并且是遵循英国的科普实践发起的。但德国的"科学传播与普及"（更确切地说是"科学普及"）其实有着悠久历史，它是政治民粹主义的一个传统概念。早在 1848 年，在德国物理学会的倡议下，柏林普鲁士科学院领导层收到一封公开信，信中表达了"公开原则也应在科学领域占据一席之地"的强烈希望，要求所有涉及科学主题的学术会议应该公开举行，以消除长期存在于科学界和公众之间的隔阂。此外，还应该给予大众媒体报道学术会议的机会，将其结果在更广泛的社会范围内进行传播，使科学作为文化得以普及并让社会各阶层都能感受和认识到科学的重要性。信中呼吁让公众参与和了解科学研究，以加强科学和公众之间的联系。自此，科学普及的理念在德国就不断被强调，甚至成为了一种世界观和信仰。[3]

正如德国科学资助者协会倡议中所提到的那样，20 世纪科学技术的快速发展塑造了现代社会。然而，科学技术的成就通常不被视为文化成就。与其他文化领域相比，人们普遍缺乏对科学领域代表性人物的认识，并且不能真正地理解其对科学的热爱。对于社会大众而言，科学往往是遥远的、高不可攀的。人们常常忽略了科学也是由人类创造出来的这一事实，比起科学技术对社会发展所产生的巨大影响，公众对科学技术的了解和理解非常微小。那么，什么是德国科学传播与普及理念所追求的"对科学的理解"呢？这是一种对科学的全面理解，包括对科技的传播、了解、理解和支持。其中，对科技的理解和支持是各种科普传播活动的主要目标，其核心在于确保和实现社会对科技的认可与接受。科学技术一直被认为是社会变革的主要推动力量，科学传播和普及也因此被认为是为公共福利服务的，它的目的是提高公众对科学和技术的接受度，从而促进创新和经济增长。除了确保社会大众对科学的接受之外，科学传播的另一个重要动机是教育，即通过科学知识向普通人解释

世界。这一切的指导原则是：科学知识必须被看作优于其他形式的知识。其目标是与不科学的观点或传统作斗争，建立科学的世界观。此外，科学传播普及还旨在引导大众发现科学的魅力，或者针对特定群体（如青少年和儿童）展示如何将这种魅力转化为对科学的热爱。根据德国学者的分析，虽然对科学普及传播的具体倡议设计及其总体方向会随着时代的变化而变化，但其动机，即保证大众对科学的接受和加强民众的科学教育，一直是推动德国科学普及的重要因素。[1, 4]

二、"对话科学（WiD）"的成立与科学传播实践

WiD 是由德国各大科学组织在德国科学资助者协会的倡议下创立的非营利性组织，其股东机构包括德国技术工程科学院、德国联邦工业研究联合会、德国科学基金会、德国技术科学协会、德国弗劳恩霍夫应用研究促进协会、德国马普研究学会、德国自然科学家和医生协会以及德国亥姆霍兹联合会以及德国大学校长协会。这些组织是德国科学核心组织，致力于促进应用研究和开发，并就技术与科学问题向政府和社会提供建议，同时为国际合作提供推动力。WiD 作为代表德国科学界的科学传播组织，通过在全国范围内组织讨论活动、学校项目、展览、比赛以及建设关于科学传播的在线门户网站，提高公民对科学的社会意义的认识，促进社会对研究过程和科学发现的理解，鼓励科学家与公众交流，讨论有争议的科学研究主题，通过专业的传播方式支持科学文化的发展。该组织目标之一是向公众传达科学认知的重要性。WiD 的主要资金支持来源除了其股东机构（科学界），还包括工业界与商界的基金会，以及德国政府即联邦教育与研究部。而其年度总经费也在逐年增加（由 2013 年的 280.8 万欧元增加到 2021 年的 629 万欧元），可见德国社会各界对促进科学传播与普及这份责任的担当以及共识，对于他们而言，这不仅仅只是政府的责任，更是整个社会的责任。[5-6]

自成立以来，WiD 不断扩展其活动范围，依据传播目的的不同，WiD 的科学传播实践大致可概括为五大类：第一类关注科学传播的广泛性。WiD 利用其合作伙伴广泛的科学专业知识，通过多种类型的活动吸引各个年龄阶段和教育水平的人们。第二类关注就争议性科学话题展开对话。科学传播的工作不仅包括向感兴趣的公众介绍研究成果，也包括向公众阐明科学研究过程，包括讲解科学工作的风险和机会。它还应该为人们提供就争议性话题进行交流的机会，让人们有机会提出自己对科学的期望。第三类关注人们对科学的参与度，即不断开创新的科学与社会交流

方式，促进讨论和参与，让人们从中感受到科学的乐趣和研究者的热情。第四类关注专业人士的经验交流，为科研机构人员与科学记者搭建联系和教育平台，为科学传播的可持续发展提供推动力。第五类关注科学传播的质量和转移。这个领域的科学传播项目分为两种，一种是促进科学传播实践与研究之间的对话，加强科学传播的实践与理论互通，对科学传播的实践进行研究，并通过研究成果解决实践中面临的问题；另一种则是对科学传播的质量和效果进行分析，并开发用以支持更好地评估科学传播的工具。以下我们将对这五个类别中的代表性活动展开的方式特色进行具体分析。[7]

（一）促进科学的广泛传播

WiD通过各种活动向社会各个群体广泛地传播科学。其活动不仅仅是为了提供关于科学的信息，还是为了明确科学对社会的重要性，促进大众对科学核心问题的了解和相关交流。以下将以"科学年""市民科学竞赛"和"MS科学号"为例具体展开分析。

1. 科学年：跨学科讨论未来议题

科学年是联邦教育与研究部和WiD共同发起的一项倡议，每年他们都会宣布一个科学年主题。2000年是第一个科学年，并以"物理学"为科学主题。之后每年都有不同研究领域成为科学年主题。2010年起，跨学科的未来主题如"数字社会""未来的工作环境"也都成为热点。科学年活动通过科学传播工具，将研究带入公众视野，促进科研与社会之间的对话。来自科学、经济、教育、文化和政府机构的合作伙伴会开放他们机构的大门，为社会大众介绍科学年相关主题研究的最新进展，并通过多种项目活动在全德范围内促进科学界与公众之间的交流。这些活动包括展览、竞赛和讨论会，以期让民众批判性地讨论科研议题。科学年的目标是加深公众对科学的理解，促进科学界与社会、政府之间的对话，同时也鼓励培养新一代科学人才。WiD在科学年中通过开展多样的项目，如逃脱游戏、多媒体舞蹈和人工智能音乐比赛等，让科学更加生动和易于理解。[8]

2. 市民科学竞赛：促进公民科学行动的推广

"就位！城市中的公民科学"是一个促进城市市民科学行动的竞赛，旨在让每个城市当地的科学家、地方政府、企业家与市民一起研究本地问题。寻找和促进全国范围内的本地公民科学行动，让公民科学成为一个城市和一个社区中可以让人看见的主题，推动公民科学可持续结构的建设。该竞赛由WiD、柏林自然博物馆与公民科学平台"公民创造知识"合作举办。在所有提交的竞赛作品中，评审团将首先选出十组决赛选手,每人将获得 2500 欧元用于与他们的当地合作伙伴共同进行"创意冲刺",进一步发展他们关于落实城市公民科学的方案与想法。总决赛中将会有三组选手凭借他们的方案说服评委会,并获得每人 50 000 欧元的奖金以实施其计划中的行动。在项目过程中,获奖者也会得到支持和指导,例如,竞赛评委会提供反馈、通过网络会议讨论方案或提供科学传播相关工作材料等。[9]

3. MS 科学号巡回展览:在互动中传达科学的乐趣

MS 科学号是一项有趣的互动科学展览活动,通过一艘在德国和奥地利巡游的船只,向公众展示最新的科学研究成果。自 2002 年以来,这艘展览船每年都会行驶数月,在多达 40 个城市分别停靠几天进行展出。MS 科学号作为一个免费参观的漂浮式科学展示中心,每年平均有八万多人来访参观。每年,船上的展览都会设置不同的主题,邀请相关科学家和研究人员展示他们的工作成果。参观者可以通过参与互动实验了解科学家的工作和研究方式。过去几年的展览主题包括数字社会、未来城市、海洋、未来工作环境、人工智能和生物经济学。其展览核心是来自不同科学机构的 25~30 个展品。参展展品最重要的特点是:全部是互动式的,可以给予参观者在观看之余参与体验的机会,让参观者可以用最富有趣味性的方式理解展品内容。展馆的工作者都是学生和年轻的科学家,他们以"导游"的角色管理整个展览,并回答参观者的问题。该展览尤其受到了学校、青少年和家庭的欢迎。富有特色的展览场所及免费入场的策略吸引了许多平时对展览兴趣不强的人们前来参观。展览引起了人们对科学的兴趣,将科学研究以一种更易于常人理解的方式展示给参观者。展览的互动性有效地激发人们对科学的乐趣和热情。对于提供展品的科研机构而言,参加此展览也增强了他们对科学传播的兴趣。此外,展览还为年轻人提供职业选择方面的启示。自 2010 年起该展览还推出"甲板上的对话"系列活动作为补充,可让参观者通过此平台与来自科学、商业和政治领域的专家探讨争议性话题。[10]

(二)加强关于争议性科学话题的对话

除了关注科学的广泛传播,WiD 也重视科学的交流性。为了促进科学与社会之间的互动,WiD 通过辩论平台和对话活动,将科学话题引入大众讨论,激发公众对科学议题的兴趣,加强科学家与公民之间的交流。这除了能让公众更深入地了解科学,也为科学界提供了倾听公众关切和反馈的机会。"科学主题辩论平台"和"科学有争议"就是在此目的下开展的活动。

1. 科学主题辩论平台:让科学观点融入社会讨论

WiD 和布伦瑞克工业大学在大众基金会和德国科学资助者协会的资金支持下

创建了科学主题的辩论平台项目。该项目目的是将科学问题推到社会大众视野中，提供让科学观点融入社会讨论的平台，并始终以多学科的科学视角为特点。发言者包括来自人文科学、医学、工程学、经济与社会科学、自然科学和法律领域的研究人员。该平台主要面向年轻人和对社会议题感兴趣的公众，通过公开辩论的形式丰富社会对科学话题的理解，以易懂的方式呈现科学议题的内容，如背景文章、采访、信息图表等。平台所讨论的议题涵盖器官捐献、基因编辑以及气候变化。例如，平台在2023年组织探讨了肉类实验室的话题——就传统肉类生产引发的环境、土地和动物福祉问题以及目前全球科学家、初创企业和大企业关于在实验室内培育肉类替代品的研究进行讨论。通过这些多样化的形式，平台促进了公众参与，鼓励不同领域专家的互动，为使公众深入讨论科学和了解科学在社会中的作用作出了贡献。[11]

2."科学有争议"：聆听社会对科学的期许和反馈

"科学有争议"是一项互动讨论活动，旨在让公民与全国的科学家交流。在这里，公民们可以了解关于科学年主题的最新研究，并对其进行批判性讨论。其相信对话可以促进相互理解和反思：在对话中，研究人员可以直接向公民介绍他们的研究，也可以了解公民的愿望和忧虑，同时公民也可以更多地了解科学和研究对人类的意义。值得一提的是，这些活动是对社会开放的，它欢迎所有的民众参加讨论会，直接向研究人员提出问题。[12]

（三）增强社会各界对科学与科学传播的参与度

除了传播和讨论科学，增加社会和科学界对科学以及科学传播的参与度也是WiD推出项目的重点目的之一。通过提供一个轻松的平台并以实操项目增强民众尤其是年轻学生在科学中的参与感，WiD鼓励年轻一代善于发现生活中的问题，并养成用科学的方式进行阐述和解决问题的习惯。除此之外，它还以组织竞赛的形式促进社会自媒体和年轻科研人员加入科学传播队伍。"快进科学""成就你的学校-创意工坊"以及"高校竞赛"就是在该目标指导下所推出的活动。

1."快进科学"：鼓励自媒体的科学传播

随着社会的发展，各式社交媒体深入人们的生活。为了将社交媒体渠道和形式融入科学传播中，自2013年起WiD和德国科学资助者协会共同发起一年一度的"快进科学"在线比赛，鼓励科研人员、科学传播者、大学生以及其他对科学感兴趣的人通过网络视频进行科学传播，激发他们的热情和动力，表彰他们对科学的热爱，比赛总奖金达23 000欧元。大赛呼吁所有对科学传播感兴趣的人制作科学相关主题的社交媒体作品参加比赛,并评选出展示最新研究进展、内容易懂且符合目标受众需求的作品。对于参赛者来说,该比赛最大的挑战是在严格尊重科学事实的基础上,如何有趣地展现科学内容并与观众进行对话。比赛的主要渠道是流媒体平台,如 YouTube、快拍或推趣。奖项分为"年轻科学家奖""科学家和研究机构奖"以及"双人奖"三个主要类别。除此之外,比赛还设有两个特殊奖项,以表彰其他媒体格式。除了德语音视频,比赛还设有向优秀的非德语视频颁发的"短精奖"。[13]

2. "成就你的学校-创意工坊":激发学生的科学创造力

"成就你的学校-创意工坊"是一个于 2016/2017 学年启动的全国性项目。依托该项目,德国中小学举办名为"黑客马拉松"的活动,鼓励青少年发现学校日常生活中存在的问题并通过动手实验和制作去解决所提出的问题,由此培养青少年的技术能力。学生们通过小组合作开发方案解决他们在校园中发现的问题,并将其方案制作成原型。他们可以使用各种工具和技术,还可以获得来自不同领域的导师的指导。这个过程不仅可以提高学生们解决问题的能力,还可以使他们获得数字化技术的经验。一些有趣且富有创意的解决方案原型也因此应运而生,例如校园浇水系统、急救机器人等。整个活动过程中,学生们都是主要的参与者,活动结束后,一些实用的解决方案还可以继续在学校内保留或得到进一步发展。活动期间,学生们还可以通过专家演讲了解最新的数字化研究和制造技术,同时也会就自己的项目成果进行演示。项目的目标是培养学生们的创造力、团队合作精神、数字技能以及解决问题的能力。WiD 也与专家合作,为教师提供培训和资源,同时还建立一支导师团队。此外,项目还鼓励学校定期举办节庆活动,以展示学生们的方案原型。克劳斯·奇拉基金会和维克特企业基金会是该项目的主要资助者。[14]

3. 高校竞赛:鼓励年轻的科研人员展示研究成果

高校竞赛最初是由德国联邦教育与研究部和德国大学校长协会从 2007 年起联合组织的比赛,自 2013 年开始由 WiD 主办并发展为全国性的竞赛。该比赛邀请各专业的本科生、硕士生、博士生、博士后和年轻研究者提交具有创意和互动性的项目想法,鼓励年轻的科研人员将他们的研究成果展示给社会大众,让他们意识到与公众进行对话的重要性,并为他们提供具有实操性的科学传播培训。每年的高校竞赛围绕当年科学年活动的主题展开,并选拔出最多 15 组获胜团队,每个团队各获得 10 000 欧元的资助,并参加有关科学传播的研讨会。2019 年的"人工智能"主题竞赛中,莱比锡应用科技大学的"人工智能外骨骼"项目团队是获奖团队之一,该团队的研究涉及开发一种基于人工智能的外骨骼,即"机器人套装",在医学领域可用于康复或治疗瘫痪。他们获奖的原因之一是在新技术开发期间就将社会应用融入其中，通过互动工作室，参观者可以参与原型测试并与开发人员交流，共同参与设计。[15]

（四）建设科学传播经验交流平台

经验交流平台的搭建对推进科学传播领域的专业人士、研究者和科学家之间的交流与合作尤为重要。经验交流平台可以增进最佳实践经验的分享，提供资源和工具，促进创新思维，并加强科学信息的传递和理解，从而提升科学传播的质量和影响力。科学传播者通过分享经验和互相学习，能够更有效地将复杂的科学概念传达给公众，推动科学知识的普及和应用。

1. 科学传播论坛：推动德语区科学传播发展

"科学传播论坛"是一年一度的专业会议，其主要目的是促进科学传播和科学营销领域的交流。该会议面向来自高校、研究机构、科学中心、城市和社区的科学传播从业人员以及科学家和科学记者，为其提供展示最新主题和趋势、交流信息、分享经验和建立网络的平台。除了会议形式，论坛还为与会者提供丰富的晚间活动，如科学辩论赛和奖项颁发，以及互动和社交的机会。自 2008 年起会议在克劳斯·茨奇拉基金会和德国科学资助者协会的资助下，以及地方合作伙伴和媒体的支持下，每年在德国不同城市举办。与会者通过提案征集方式提交参会内容建议，包括会议议程、互动形式、项目介绍等。会议的重点主题及发言人则由 WiD 与项目顾问委员会共同确定。会议的文件和内容记录会以纸质和在线文档的形式对外发布。现如今，科学传播论坛已经发展成为德语区内科学传播领域最大的专业会议，为从业人员提供了学习、交流和合作的平台，推动了科学传播事业的发展。[16]

2. 未来科学传播会议：共建欧洲科学传播互联网

"未来科学传播会议"由 WiD 和欧洲科学与人文科学院联合会共同组织，活动面向整个欧洲科学传播领域。2021 年的未来科学传播会议旨在推动科学传播领域的联网建设和科学传播实践转移活动。会议聚集了欧洲的科学传播研究人员、科学传播从业人员、大学宣传部、博物馆和科学中心、基金会、非政府组织、企业、科学传播资助机构以及科学政策制定者等，他们共同探讨并强调了有效的和基于实证的科学传播对未来欧洲科学传播和普及事业发展的重要性。此外，他们还明确表达了欧洲对于科学传播研究与将其研究成果转化为实践的需求。整个会议覆盖多个议题，包括信任科学、虚假新闻处理、危机传播、公众科学等。与会者分享最新的研究成果和实践经验，通过对具体、有争议的科学课题（如人工智能、基因编辑、气候变化和疫苗接种）进行案例研究，展示从研究和实践中汲取的经验教训。可以说，该会议为来自不同国家却肩负相同使命的人员提供了一个平台，促进了他们之间的交流、合作和知识分享。该会议从加强科学传播领域的联网和实践转移出发，以有效地应对未来科学传播领域的挑战为目标，目的在于推动欧洲科学传播的发展并促进研究成果的实践应用。[17]

3. 科学传播课程：科学传播人员专业化培养

为了培养科研人员以及来自科学传播、媒体和商业领域的年轻从业人员在科学传播方面的能力，WiD 还专门为其开设了不同形式的相关进修项目，如科学传播暑期学校和技术传播学习车间。前者通过实际案例、练习以及理论知识课程向年轻的科学家和未来的科学传播者介绍科学传播、培养他们的传播技巧，后者则与德国技术科学院合作，将重点放在经常被科学传播忽视的技术传播领域，涉及如何传播新技术、如何应对对有争议或具有风险的技术的抵制等问题。这些课程的目标是传授科学传播的工具、形式和技巧，促进这一领域的质量化和专业化。同时也为年轻从业者与已经立足于传播领域的专家提供了一个进行交流的平台。[18]

（五）开展科学传播评估工作

为了确保科学传播活动的有效性和影响力，开展科学传播评估调研工作不可或缺，但却又常常会被忽视。因为这个关注点在许多科学传播工作体系中往往很少或根本没有得到充分的检验。系统性的评估可以让人们了解科学传播的效果、目标受众的反应以及传播策略的效果。评估有助于优化传播策略，提高传播内容的准确性和吸引力，以便更好地满足公众的需求和期望。评估调研还可以为科学传播决策的制定提供依据，使传播者能够根据数据和反馈对工作进行调整和改进，最终增强社会对科学的理解和参与。通过分析 WiD 推出的"影响力评估与转换评估"和"科学指数"评估项目，我们可以对德国科学传播评估工作理念有更深刻的理解。

1. 影响力评估与转换评估：检验和提升科学传播活动成果

WiD 在推进多种形式和渠道的科学传播的同时，还关注科学传播活动是否实现了预期的目标，以及它们对参与者产生了什么影响。为了调查和检验科学传播活动实际上是否传达给预期的目标受众，参与者是否在活动后对科学产生更大兴趣、是否对某个研究主题产生了不同的看法，以及这些效果是否与项目负责人或资助者的期望相一致等问题，WiD 推出了"影响力评估"项目，以促进德国科学传播更有力地进行实践评估和具有更强的效果导向性。该项目与科学传播从业者共同开发评估材料和评估工具，建立了在线评估平台，用于对科学传播项目的参与者进行标准化调查。与此同时，WiD 还与国际专家和科学传播研究人员合作，确保科学知识能够融入科学传播实践，并尽可能在研究中考虑实践的经验和背景。他们由此开发了"转换评估"，以促进科学传播领域的实践和理论研究之间的对话，支持以证据为导向的科学传播，提高科学传播的工作质量。通过将研究成果整理为实际应用的工具和材料，从业者能够获得与其工作相关的研究知识。同时，实践中发现的需求和问题，能为科学传播研究提供洞察角度，鼓励人们在该领域结合实践确定新的研究课题、建立长期的研究与实践之间的对话，以提升科学传播的质量和效果。[19-20]

2. 科学指数：了解社会对科学的态度变化

WiD 发现，相比于经济和政治领域，研究和科学领域长期以来缺乏一种对趋势和主题的观察。因此，2014 年起，在卡尔·蔡司基金会和德国弗劳恩霍夫应用研究促进协会的资金支持下，WiD 启动了"科学指数"项目，定期调查德国公民对科学研究的态度。对于有效的科学传播而言，了解科学与公众之间的关系是很重要的，这既包括了解人们获取关于科学研究信息的渠道，还包括了解公众对科学研究的评价以及其态度的转变方向等。每年"科学指数"项目都会定期收集和发布关于德国公众对科学研究态度的具有代表性和可比性的数据。调查数据来自电话访谈，调查对象为 14 岁及以上的德国居民。所调查的问题除了年度热门科学问题外，还包括与当前社会议题相关的科学问题。科学传播从业者、科学体系和科学政策代表以及科学传播的资助机构可以根据调查结果了解公众对科学态度的变化，并作出相应的回应和策略调整。[21]

三、借鉴与启示

通过以上分析可以发现，德国通过一套相对完善的科学传播与普及体系展开科学传播工作，将科学思维传播给公众，鼓励公众通过参与科学活动了解和理解科学。这也使得德国的科学传播与普及教育在国际上具有一定的影响力和创新性。对于我国科普工作体系的完善来说，以下几点德国经验值得借鉴。

第一，搭建完整的科学传播体系，促进科学传播与普及工作的可持续发展。从对 WiD 的科学传播活动的分析中可以看出，德国已建有一套较为全面的科学传播普及体系：从培养科学传播专业机构和人员、建设其国内与国际交流平台、营造社会科学文化氛围、进行多样化的科学传播与普及，到评估科学传播活动的质量和影响，以及形成一套科学传播实践与理论互动的研究系统。此套体系的完整建设使其科学传播与科普工作可以有效实现良性循环。

第二，数据驱动和实践调查分析，重视科学传播战略的有效性和前瞻性。德国之所以能够取得如此良好的科学传播与普及成果，与其紧密结合实际情况而调整、制定的科普政策的引领是分不开的。在科学传播活动的实践中，人们往往面临缺乏实证证据的问题。因此，科学研究获得的理论通常无法从专业领域传播到社会实践中。针对这一问题，德国科学传播机构采用各种调查和数据分析的方式定期收集公众对科学的态度和看法，并与科学传播的资助者、从业者以及科学传播问题的研究者共同进行实证研究和结果分析，以指导科学传播活动的规划和政策制定。

第三，多元化的活动形式，强调互动和参与，以及文化氛围打造。德国的科学传播关注的不仅仅是科学知识的普及，更多的是全民科学素养的提升。促进社会大众对科学的理解并与科学发生互联，需要使科学变得更加亲近、有趣和可理解。因此，德国的科学传播注重公众互动和参与，其科学传播项目具有实践导向性，而不只是停留在科学的讲授和教导上。科学家和研究人员走出"象牙塔"、走出实验室，向公众展示前沿的科学研究成果，并邀请公众参与数据收集、实验和分析，从而让公众体验并学习科学研究过程。这推进了公民科学素质建设，让科学成为城市文化活动主题之一。

第四，与社会各领域开展合作，建构科学传播合作网络。在德国，科学传播工作的推进并不是只依靠科学传播机构单独发力，而是各界共同协作的结果：①德国的科学传播在受到德国政府支持的同时，也受益于科研机构、大学、企业等之间建立的紧密合作伙伴关系，各方共同推动科学传播，实现社会多领域资源共享和协作；②德国的科学传播组织与国际科学传播组织合作密切，它不仅仅积极参与国际科学传播活动，还主动发起国际会议和项目，在借鉴国际最佳实践经验的同时也分享着本国经验。

参考文献

[1] Dialog Wissenschaft und Gesellschaft[EB/OL]. [2023-07-15]. https://www.stifterverband.org/ueber-uns/geschichte-des-stifterverbandes/push-memorandum.

[2] Wissenschaft im Dialog[EB/OL]. [2023-07-15]. https://www.wissenschaft-im-dialog.de/ueber-uns/portraet/.

[3] Andreas W. Daum. Wissenschaftspopularisierung im 19. Jahrhundert[M]. München：R.

Oldenbourg Verlag, 2002: 1-5.

[4] Markus Lehmkuhl. The Recent Public Understanding of Science Movement in Germany[M]// Bernard Schiele, Michel Claessens, Shunke Shi (Eds). Science Communication in the World Practices, Theories and Trends. Dordrecht: Springer, 2012: 125-138.

[5] Gesellschafter und Partner[EB/OL]. [2023-07-15]. https://www.wissenschaft-im-dialog.de/ueber-uns/gesellschafter-und-partner/.

[6] Finanzierung[EB/OL]. [2023-08-15]. https://www.wissenschaft-im-dialog.de/ueberuns/organisation-und-gremien/finanzierung/.

[7] Handlungsfelder[EB/OL]. [2023-08-15]. https://www.wissenschaft-im-dialog.de/ueberuns/handlungsfelder/.

[8] Wissenschaftsjahre[EB/OL]. [2023-08-16]. https://www.wissenschaft-im-dialog.de/projekte/wissenschaftsjahre/.

[9] Auf die Plätze! Citizen Science in deiner Stadt[EB/OL]. [2023-08-15]. https://www.wissenschaft-im-dialog.de/projekte/auf-die-plaetze/.

[10] MS Wissenschaft[EB/OL]. [2023-08-15]. https://www.wissenschaft-im-dialog.de/projekte/ms-wissenschaft/.

[11] Die Debatte: Fakten, Forschung, Positionen[EB/OL]. [2023-08-20]. https://www.wissenschaft-im-dialog.de/projekte/die-debatte/.

[12] Wissenschaft kontrovers: Interaktive Diskussionsreihe[EB/OL]. [2023-08-15]. https://www.wissenschaft-im-dialog.de/projekte/wissenschaft-kontrovers/.

[13] Fast Forward Science Gesucht: Multimedia-Beiträge aus der Wissenschaft[EB/OL]. [2023-08-15]. https://www.wissenschaft-im-dialog.de/projekte/fast-forward-science/.

[14] Make Your School — Eure Ideenwerkstatt[EB/OL]. [2023-08-15]. https://www.wissenschaft-im-dialog.de/projekte/make-your-school/.

[15] Der Hochschulwettbewerb — Zeigt eure Forschung![EB/OL]. [2023-08-15]. https://www.wissenschaft-im-dialog.de/projekte/der-hochschulwettbewerb-zeigt-eure-forschung/.

[16] Forum Wissenschaftskommunikation[EB/OL]. [2023-08-11]. https://www.wissenschaft-im-dialog.de/projekte/forum-wissenschaftskommunikation/.

[17] Future of Science Communication Conference[EB/OL]. [2023-08-20]. https://www.wissenschaft-im-dialog.de/projekte/future-of-science-communication-conference/.

[18] Wissenschaft kommunizieren! Weiterbildung für Nachwuchswissenschaftlerinnen und -wissenschaftler[EB/OL]. [2023-08-20]. https://www.wissenschaft-im-dialog.de/projekte/wissenschaft-kommunizieren/.

[19] Impact Unit Wirkung und Evaluation in der Wissenschaftskommunikation[EB/OL]. [2023-08-20]. https://www.wissenschaft-im-dialog.de/projekte/impact-unit/.

[20] Transfer Unit Forschung und Praxis der Wissenschaftskommunikation[EB/OL].[2023-08-20]. https://www.wissenschaft-im-dialog.de/projekte/transfer-unit/.

[21] Wissenschaftsbarometer — Eine repräsentative Bevölkerungsumfrage zu Wissenschaft und Forschung[EB/OL].[2023-08-20]. https://www.wissenschaft-im-dialog.de/projekte/wissenschaftsbarometer/.

关税同盟对德意志帝国统一的影响

李 宁 李苗苗 吕梁学院

内容概要：关税同盟作为一个经济组织，在德意志帝国统一过程中发挥了重要作用。但其作用不仅仅局限于经济方面，还覆盖政治、文化等方面。在经济方面，关税同盟的成立使得关税壁垒瓦解，促进统一的国内市场形成，为海外市场的扩展作出了贡献，为德意志的统一奠定了经济基础；在政治方面，关税同盟促进了政治统一；在文化方面，关税同盟的成立又强化了德意志的民族主义。总之，关税同盟在德意志发展史上发挥了不可磨灭的作用。

关键词：关税同盟；德意志；统一

一、关税同盟概述

关税同盟的建立，不仅在经济方面对普鲁士统一德意志产生了积极影响，而且在政治、文化等方面也发挥了一定的作用。德意志关税同盟是在德意志统一之前由普鲁士主导的、各邦国为了扫除成员之间的贸易壁垒并实行统一的关税而在 1834 年结成的同盟。关税同盟最初的成员有 18 个，之后逐渐增多，但无论何时，其始终将奥地利排除在外。经济学家弗里德里希·李斯特（Friedrich List）作为近代德意志建设统一化、制度化经济体的最初构想者，提出了建立关税同盟的主张。19 世纪初，德国仍处于分裂割据状态，分裂割据必定会带来关税壁垒。普鲁士与各邦国之间存在着 67 种关税，故而弗里德里希·李斯特曾言："38 条关税界线窒息了内部的商业。它们无异于捆绑着人躯体各部的 38 条绳索,使血液无法畅快地流动。"[1] 在这种背景下,李斯特提出了建立关税同盟的主张,倡导取消贸易壁垒,实行统一的关税政策,这就会加强各邦国的经济联系,而经济联系的加强必然会导致政治上的同盟乃至统一,由此,关税同盟的建立,也为德国的统一创造了经济条件。关税同盟的建立,在经济上取消了贸易壁垒,使各邦国商品可以更加方便迅速地流通,让各邦国经济联系得到加强,促进了德国统一市场的形成,也加速了德国工业革命的到来。在政治上,关税同盟的建立标志着德意志以经济联系为基础,寻求政治统一的道路。在文化上,统一市场的形成,促进了人们思想的统一,使民族主义得到强化,为德意志的统一奠定了思想基础。

二、关税同盟建立的背景

(一) 政治因素

分裂割据状态会影响经济的稳定发展。德意志的分裂割据具有悠久的传统。根据 843 年《凡尔登条约》中的规定,法兰克王国一分为三。最初称为东法兰克王国的那部分,是德意志的前身。此后的神圣罗马帝国皇帝最初拥有极强的皇权,但长期的对外战争以及依靠力量的弱化,使得诸侯权力膨胀,最终导致德意志皇帝权力逐步弱化,帝国逐步分裂,各公国各自为政、互相敌视,皇权衰微,皇帝徒有其名。中世纪时,查理四世发布了一项帝国法令,因其文本用金印戳盖,被称为金玺诏书。金玺诏书不仅承认德意志选侯有选举国王-皇帝的权利,而且承认他们有绝对的君主权力。[2] 金玺诏书承认了德意志政治四分五裂的局面,促成了诸侯独立性的法理化。德国在 1525 年农民战争后陷入分裂,之后 1618—1648 年的三十年战争进一步加深了这种分裂状态。三十年战争后签订的《威斯特伐利亚和约》,不仅承认瑞士脱离神圣罗马帝国成为独立王国,而且使德意志的皇权进一步削弱,德意志各地方的诸侯成为完全独立的势力。与此同时,在法国和瑞典的参与下,皇帝与诸侯共同拟定了一部帝国宪法。宪法规定,所有帝国的等级,包括选侯、各级诸侯、帝国城市,都保有完整的主权,也就是保有内政和外交上的全部主权——对外可以单独与别国订立盟约,对内具有无上的君主权力。也就是说,德意志帝国正式瓦解,成为若干独立的诸侯国,德意志处于无政府状态,没有统一的权威,其他国家可以肆意干涉德意志的事务。1815 年维也纳会议上,德意志邦联成立,使德意志的分裂状态继续保持下去。德意志邦联由 38 个邦国和利伯维尔组成,38 个邦国包括普鲁士、奥地利两个强邦,还有巴伐利亚、萨克森、汉诺威、符腾堡四个中等邦国,其余都是小邦。[2] 这种四分五裂的状态一直持续到1871年俾斯麦统一德意志之前。除了德意志长期的分裂状态之外,还有一个阻碍德意志统一的重要因素是当时德意志境内的第一大国奥地利。当时的奥地利实力最强劲,为了自己的地位和利益,奥地利并不希望德意志邦国实现统一,力图维持其分裂状态。但是,统一是各邦人民的愿望所在,而要想实现各邦政治上的统一,首先要在经济上完成统一,于是普鲁士顺应人民的意志,主导建立了关税同盟。

(二) 经济因素

经济因素是影响关税同盟建立的重要因素。政治分裂严重影响经济的健康发展。德意志从中世纪以来长期处于四分五裂状态,而分裂会带来关税壁垒,严重干扰经济的有序发展。1815年建立的德意志邦联中,各邦拥有绝对的主权。虽然联盟条例第19条规定各邦将来在贸易和交通方面"采取一致行动",但各邦都不愿意放弃自己独立的税收和商业政策。[3] 将一头活猪从汉堡运到柏林卖给熟食店,沿途层层关卡征收的税费已经足够把这头活猪从头到尾凌迟一遍。层层税卡犹如一个个血栓,阻塞了德意志的血液流通。纵观当时的德意志,小国林立,本来巨大的国内市场被一个个海关所割裂,当时一队货运马车如果从勃兰登堡前往瑞士,竟然要过十次关卡,交十次关税,兑换十次货币,这极大增加了商品的流动成本,严重阻碍了德意志统一市场的形成,桎梏了德国的工业化进程,使之远远落后于英法强国。拿破仑"大陆封锁"政策的崩溃,使得德意志的工商业竞争力下降,同时又面临着英国工业品对本国市场的侵夺,加之四分五裂的现状无法对本国市场形成强有力的保护,导致德意志工商业陷入危机。[4]

(三) 文化因素

关税同盟建立的文化背景,离不开德意志民族意识的觉醒以及发展。这种民族意识的觉醒首先开始于1517年马丁·路德的宗教改革。天主教会对德国的残酷剥削,引起了民众的不满。借着教皇兜售赎罪券这个契机,马丁·路德贴出《九十五条论纲》,在德国率先发起了宗教改革。马丁·路德的宗教改革之所以会激发德意志的民族意识,与以下几点原因有重要关系。首先,马丁·路德宗教改革的核心思想是"因信称义",即信徒凭借信仰就可以与上帝直接进行沟通交流,而无需以教皇作为中介,人人在上帝面前都是平等的,这种思想引起了人们的强烈认同。其次,马丁·路德主张建立本民族教会,摆脱罗马教廷的控制。最后,由于之前德意志民族语言各不相同，交流困难，为了使民众更好地交流，马丁·路德用大众化的语言翻译了《圣经》，实现了德意志民族有史以来第一次语言统一。语言的统一为民族意识的觉醒创造了前提条件，使长期分裂的德意志民族的认同感以及民族意识逐渐凝聚起来，一致的语言让德意志民众有了共同的精神家园。马丁·路德出色的努力为日后民族的统一奠定了文化基础，使得民族意识在德意志普及化，逐渐过渡到了文化民族主义。但是，马丁·路德仅仅为文化民族主义的产生提供了一种当时人们不足以重视的可能性，文化民族主义背后真正的推手是启蒙运动，以及受启蒙运动影响而兴起的狂飙突进运动。[5]

启蒙运动是18世纪继文艺复兴之后又一次伟大的思想解放运动，起源于法国和英国，后来逐渐发展到西欧各国。启蒙运动的主要任务是使人们摆脱中世纪宗教神学和教条的禁锢，破除旧有的迷信色彩，因而带有明显的反封建反宗教色彩。虽然德意志的启蒙运动起步较晚，但是依然取得了卓越的成就。由于17、18世纪的法国在欧洲具有极其重要的地位，所以随着启蒙思想传入德意志的还有法语、法国的社会风尚等，而德意志的各阶层则不加甄别地全盘接收着这一切，甚至连统治阶级也欣然接受着法国的一切，他们以说法语、吃法餐为荣，抛弃了本民族文化。虽然马丁·路德已经统一了德意志的语言，但是在这一时期，讲德语被认为是下等人的象征。启蒙思想的传入本应起到积极作用，没想到却演变为一场文化入侵，在此背景下，一批有强烈民族意识的知识分子奋起反抗。他们一方面努力学习法语、传播启蒙思想，另一方面致力于宣扬民族文化，德意志的民族意识就在启蒙运动中得到了进一步发展。在启蒙运动之后兴起的狂飙突进运动，是启蒙运动的继续，但比启蒙运动更加激进。狂飙突进运动中涌现出的代表人物及其思想，使得德意志的民族意识逐渐觉醒。但是，启蒙运动和狂飙突进中的民族主义还处于文化领域，真正使文化民族主义有了更强凝聚力的事件，是法国大革命和拿破仑战争。1789年法国大革命爆发，推翻了波旁王朝，这次革命给封建统治下的德意志人民带来了推翻旧制度的一线希望。与此同时，法军的入侵使得德意志人民的民族意识进一步觉醒。1799年，拿破仑通过雾月政变掌握了最高权力后，便开始对外征战。客观来讲，拿破仑的对外征服很大程度上增强了欧洲各国的民族意识，对德意志而言也是如此。在拿破仑征服德意志的过程中，德意志人民团结起来，反抗拿破仑的入侵，使民族主义从文化领域开始向社会生活的各方面蔓延。可以说，从这时开始，德意志的民族主义才真正形成一股强大的思潮，对人们的生活的方方面面产生影响。

三、关税同盟的建立

德意志关税同盟完成了德意志的经济统一,为德意志的政治统一奠定了坚实的经济基础,具有不可忽视的作用,但其建立过程不是一帆风顺的。说起德意志关税同盟的建立,就不得不提到经济学家弗里德里希·李斯特。他最早提出了建立关税同盟的主张。面对强大的英国、法国,仍旧四分五裂的德意志处于非常不利的地位,要想扭转这种局面,统一是必不可少的。但是,当时的德意志存在奥地利和普鲁士两股强大的力量,二者都想凭借自己的力量完成德意志的统一,两强相争,必有一败。在彼此斗争的过程中,普鲁士逐渐超过奥地利,组成了以自己为主导的关税同盟,最终实现了德意志的统一。鉴于奥地利过于强大和其他诸多因素,普鲁士一开始就把奥地利排除在关税同盟之外。1818年普鲁士废除邦内的内地关税,1826年建立北德六邦的关税同盟,以后又与南德、中德商业联盟结盟,1834年1月1日生效的德意志关税同盟已把拥有2300万人口、面积42万平方公里的地区结成一个经济共同体。据当时记者报道:"当1834年新年钟声响起,边境上的关卡栏木抬起,成排的车辆在欢呼声中不受阻拦地越过边境。这个时刻,所有在场的人都意识到:历史上的一件大事发生了。"之后,德意志诸邦国陆续加入,1835年,巴登公国,拿骚公国和美因河畔法兰克福加入,而到1842年,关税同盟中的邦国增加到28个。一个巨大的德意志国内市场出现,并开始在普鲁士政府的操控下高效而灵活地运转起来。[6]

四、关税同盟的影响

(一) 经济影响

1. 取消关税壁垒,保护民族工业

关税同盟的成立最直接的结果就是关税壁垒的取消。关税同盟成立之前,德意志各邦国之间存在着67种关税,货物在转运过程中经过各地关税的盘剥,损耗极大。关税同盟的成立,使得德意志各邦有了统一的关税税率,存在于各邦之间的关税壁垒土崩瓦解。关税壁垒的取消,有利于德意志工商业的发展。与此同时,关税同盟实行关税保护政策,对进口商品征收高额税。关税同盟实行的贸易保护政策,有效地抵制了其他国家工业品的冲击,为德意志的工业提供了有利的发展环境。在冶铁业中，进口替代战略成功得到实行。对黑铁征收的新关税政策意味着英国产品在德意志的价格增长，也就是说英国的工业品在德意志的竞争力被极大地减弱。在这种有利条件下，德国冶铁业从19世纪40年代初就已开始的进口替代品生产得以迅速发展，建立了许多运用现代英国技术的铁加工厂。19世纪50年代初汉诺威、奥尔登堡相继加入关税同盟，比利时因此失去了对德出口铁制品的优先地位，原来主要购买英国和比利时产品的德意志邦国大多转向国内货源。关税同盟境内市场进一步扩大，而黑铁的进口量却明显减少。德国的冶铁业日益摆脱了对进口黑铁的依赖，国内黑铁的产量在1850—1870年从211 600吨增至1 391 100吨。[7] 在之后的一段时间里，德国逐渐转变为一个自给自足的工业国家。

2. 统一市场形成，海外市场扩大

关税同盟成立带来的最直接的影响之一就是统一内部市场的形成和海外市场的扩大。关税同盟成立之前，德意志四分五裂的状态造成了严重的关税壁垒，各邦国之间存在不少关税条例，严重阻碍了各邦之间的经济交流。关税同盟的盟约中有废除同盟之间所有关税和过境税的条例，这意味着各邦的商品可以自由流通于各地。按照这一原则成立的关税同盟，使各邦国之间形成了统一的市场，并逐渐实现了货币、度量衡等其他方面的统一。随着关税同盟的建立，各邦在税收及分配等方面产生了交流，相互之间的联系逐渐加强。统一市场的形成，也为德国工业发展提供了良好的条件。在统一市场中，各邦可以自由地进行煤炭、木材等工业原料的贸易，从而弥补了一些地方原材料和自然资源的缺乏，更为重要的是原料和制造品的自由流动降低了生产成本和商品价格，刺激了国内消费和工业生产的扩张。以毛纺织业为例，19世纪20年代由于内部关税的存在和英法的竞争，德国的毛纺织业日渐失去市场，趋于凋敝，但关税同盟建立后的1834—1838年，该产业出现了决定性的复苏。其原因之一就在于生产羊毛成衣的多道工序以前常常在相隔很远的地方进行，而重重关税抬高了制作成本。因此，内部关税的废除也就意味着成本的大大降低以及随之而来的价格的下降、消费的增长和利润的增加。[8] 关税同盟的建立除了推动统一市场的形成外，还促进了海外市场的扩大，改变了德国的海外贸易状况。德意志关税同盟建立后，获得了众多国家的认可。在与其他国家进行贸易谈判时，关税同盟代表的不仅仅是一个国家，而是众多邦国利益的集合，这些邦国作为关税同盟在进行贸易谈判时强有力的后盾，发挥出了一个国家难以发挥出的巨大作用，为这些邦国争取到了不小的利益。

3. 铁路建设速度加快

19世纪30—40年代，德意志的铁路建设处于起步阶段。在拿破仑战争的刺激以及李斯特的大力倡导下,德意志各邦的民众逐渐认识到了交通运输尤其是铁路建设在经济、政治方面的重要性,但是,包括普鲁士国王在内的统治阶级却对铁路建设持慎重态度。这是因为铁路的修建,使普通民众有了与统治阶级一样乘坐便捷交通工具的机会,这可能会威胁到统治阶级的利益,这在当时统治阶级的眼中是一件不可思议的事情。这一时期,德意志对铁路修建虽然持消极态度,但仍然取得了一些成就(见表1)。关税同盟建立后,这种态度很快就发生了变化。关税同盟的建立使得德意志经济一体化程度加深,各邦之间的交流日益密切,相互依赖程度逐渐加深。铁路建设与关税同盟共同促进了统一市场的形成,与此同时,相关产业的发展又反过来促进了铁路的快速发展。此外,各邦国竞相修建铁路,给予各私营公司修筑铁路的特权,支持铁路建设,使铁路突破了邦国的界限,加强了各邦国之间的联系。

表1　1835—1845年德国年完成铁路里程(公里)[9]

年份	1835	1837	1838	1839	1840	1841	1842	1843	1844	1845
里程	6.0	21.0	139.5	219.6	468.9	683.4	931.0	1311.3	1751.9	2142.8

19世纪50—60年代,德意志的铁路建设速度加快。这一时期铁路建设取得明显成就主要有以下几点原因:首先,德国的银行与企业生产结合相当紧密,在德意志的工业生产中发挥着重要作用。银行以及各邦政府的支持,使德意志的铁路建设有充足的资金投入,保障了铁路建设的正常进行。其次,经过1848年资产阶级革命,德意志各邦的封建因素被削弱,为了推动经济的发展,德意志各邦都进行了改革。改革解放了大量农民,使农民自由流动,为铁路建设提供了充足的劳动力。最后,关税同盟的进一步扩大,经济一体化程度的进一步加深,客观上也刺激了德意志的铁路建设。由于以上这些原因,德国这一时期铁路建设通车里程迅速增加,1850年的铁路里程数是1840年的12倍多,1860年较1840年更是增长了近30倍,基本上每10年增加2倍。这一时期的铁路建设成就见表2。

表2　1840—1900年铁路里程(公里)[10]

年份	1840	1850	1860	1870	1880	1890	1900
里程	469	5856	11 089	18 876	33 838	42 869	51 678

4. 城镇化加速发展

19世纪上半叶,德意志的城镇化有了进一步发展。该时期的城镇化主要体现出政治领域的推动力,特别是拿破仑战争后法国城镇制度的模板效应迅速在莱茵同盟中扩散、1803 年后神圣罗马帝国结构调整所导致的城镇法人地位的变动、1808 年起普鲁士通过《城镇规程》所推动的改革运动及其铺展、1815 年维也纳会议后德意志邦联成立及其对城镇法人地位的影响等四大因素。再加上关税同盟的成立使德意志形成了统一的市场,工业化发展速度加快,以及铁路等交通方面的改善,这一时期的德意志城镇化发展速度逐渐提升。

5. 刺激工业革命在德国的发生

18 世纪末 19 世纪初英国率先爆发了工业革命,之后工业革命开始向其他国家蔓延。19 世纪初的德意志仍旧处于四分五裂的状态,工业革命在德意志的产生较为艰难。关税同盟建立后,德意志形成了统一的内部市场,为工业革命在德意志的产生创造了前提条件。虽说没有关税同盟的刺激,工业革命也会在德意志发生,但是关税同盟的建立使得工业革命发生的时间提前了。在第一次工业革命中,德意志由于自身特殊的国情,将革命的重心放在了钢铁等重工业以及铁路建设方面,这为第二次工业革命的开展打下了良好的基础。两次工业革命在德国的发生,使德意志具备了强大的经济实力,也为德意志的统一以及统一后的快速发展创造了良好条件。

(二)政治影响

德意志关税同盟的建立最突出的政治影响是使普鲁士带领德意志逐步完成了国家统一。首先,关税同盟是以普鲁士为主导的经济组织,同盟中的中小邦国经常以一种复杂态度对待普鲁士。一方面,各邦国不满于普鲁士的霸权主义,想要摆脱普鲁士对其的支配;另一方面,它们又对关税同盟有极大的依赖性,无法抗拒关税同盟带来的巨大经济利益,因此不得不依附于普鲁士。其次,普鲁士利用灵活巧妙的外交手段维护其在同盟中的领导地位,控制政治局势。在同盟中,普鲁士同意各邦国拥有一票投票权,所有事务必须得到成员国的一致同意才可决定,同时它又通过每年举行关税会议、按人口比例分红等来巩固统治、笼络人心。同时,普鲁士拥有一项极其重要的权力,那就是同盟条约的否决权,普鲁士通过这项权力,使同盟通过的条约满足自己的愿望、符合自己的政治利益。最后,普鲁士得到了资产阶级的支持。在德意志第二帝国统一之前,关税同盟是德意志唯一一个可以统一行动的组织,它提供的德意志内部统一的市场以及灵活的对外政策,适应了资本主义经济发展的需要。虽然德意志北部和南部的经济发展不平衡,要求也不同,但他们大都把关税同盟看作克服国家分裂的力量和国家统一的前奏,把普鲁士看作资产阶级的代表。最终以普鲁士为代表的"小德意志方案"战胜了以奥地利为代表的"大德意志方案",普鲁士通过三次自上而下的王朝战争完成了德意志的统一,开启了德意志第二帝国的时代。

(三)文化影响

在关税同盟成立之前,民族主义已经从文化民族主义转变为政治民族主义。政治民族主义强调民众对国家或民族产生强烈的政治认可情感,它在轰轰烈烈的法国大革命期间萌生,注重人民主权,希望用该法则激励民众,去推动现代民族国家的产生。民族主义时常被当作类似自由主义、社会主义的政治教义对待,因此形成了政治民族主义。[11] 之后法国的入侵,激起了德意志民众强烈的民族情感,这种民族情感使德意志民众将意识转化为力量,纷纷要求实现民族国家的统一。随着关税同盟的建立,资产阶级经济实力加强,资产阶级对封建的反抗以及争取统一的斗争日益强烈。虽然运动最后被无情地镇压,但是反抗运动进一步加强了统一在民众中的影响,为1848年的革命奠定了一定的基础。随着德意志民族协会对德意志民族主义的宣传,民众实现统一的愿望越来越强烈,而且将实现统一的希望寄托在了普鲁士身上。这时候产生了以普鲁士为代表的"小德意志方案"和以奥地利为代表的"大德意志方案",这必然会产生矛盾。德意志民众渴望实现民族国家的统一,但是奥地利希望维持德意志四分五裂的局面以保证自己的利益,这使得德意志民众更倾向于选择"小德意志方案",最终普鲁士通过自上而下的三次王朝战争完成了德意志的统一。关税同盟作为一个经济组织,在经济方面发挥了毋庸置疑的作用,但其作用又不仅仅局限于经济方面,经济基础决定上层建筑,经济统一为政治及文化统一打下了坚实基础,促进了德意志的完全统一。

五、结语

关税同盟对德意志帝国的统一产生了深远而重大的影响,关税同盟打破了德意志各邦国间的贸易壁垒,促进了商品的自由流通和经济的快速发展。统一对外关税制度,在一定程度上保护了本土产业,为德国工业革命的深入推进创造了有利条件。经济上的紧密联系使得各邦国之间的认同感逐渐增强,有利于德意志帝国的统一。普鲁士则借助关税同盟扩大了自身影响力,成为领导德意志统一的核心力量。关税同盟还推动了城市化进程,改变了德意志人民的生活方式和观念,促进了文化交流与融合。通过关税同盟,德意志各邦国之间的联系日益紧密,民族认同感逐渐增强,为德意志帝国的最终统一奠定了坚实的经济基础和政治基础。关税同盟的历史意义在于其不仅对当时的德意志产生了重大影响,也为后世国家间的经济合作与政治联合提供了宝贵的借鉴。

参考文献

[1] 科佩尔·S.平森.德国近现代史:它的历史和文化[M].范德一,译.北京:商务印书馆,1987:113.

[2] 丁建弘.德国通史[M].上海:上海社会科学院出版社,2012:247.

[3] 卢懿.德意志关税同盟和欧洲联盟的异同研究[J].商,2015(2):47-49.

[4] 马建玮.德意志民族因素对德国统一的影响研究[D].哈尔滨:黑龙江大学,2014:37.

[5] 孙慧.民族主义与近代德国的统一[D].武汉:华中师范大学,2011:12.

[6] 邢来顺.19世纪德国统一运动的再思考——近代德国统一进程三部曲[J].华中师范大学学报(人文社会科学版),2005(3):87-94.

[7] 邢来顺.论普鲁士统一德国的经济前提[J].高等函授学报(哲学社会科学版),2001(1):39-42.

[8] 曹英,赵士国.论德意志关税同盟在德国工业化中的作用[J].湖南师范大学社会科学学报,2001(2):121-125.

[9] 邢来顺.德国工业化:经济—社会史[M].武汉:湖北人民出版社,2003:135.

[10] Antonio Di Vittorio. An Economic History of Europe[M]. London: Rutledge,2006:213.

[11] 王伟青.近代德意志政治民族主义发展研究[D].武汉:华中师范大学,2017:17.

资助项目:2021年度山西省哲学社会科学规划(一般)拟立项课题,"疫情常态化防控下人类命运共同体理念与实践研究"(项目号:2021YY213)

吕梁学院2021年校级教学改革创新项目,"历史文化系与外语系合作培养世界史专业人才本科生的探索研究"(项目号:JXGG202131)

主题二

德国质量标准和数据保护

"工业4.0"战略背景下的德国标准化管理体制及现状

黄丽华　夏　怡　纪李佳　深圳技术大学质量和标准学院

内容概要：德国在全球制造业中极具竞争力，而标准和标准化战略在其工业体系中发挥了举足轻重的作用，其先进的经验和做法对我国的标准化发展具有重要的启示和借鉴意义。鉴于"工业4.0"战略是德国面向未来竞争的总体战略方案，本文在全面梳理德国标准化管理体制的基础上，着重研究了德国的"工业4.0"标准化体系，并通过分析其最新标准的发展现状、发展特点及发展趋势，针对我国开展国际标准化工作提出了对策建议。

关键词：德国；战略；标准化；体系；"工业4.0"；DIN

作为世界著名的制造业强国，德国高度重视标准化对制造业的战略引导和技术支撑作用。德国在推行诸如"工业4.0"、能源转型等重大产业战略时，往往把标准化置于首位，协调各方力量共同制定产业标准化线路图，并会根据经济发展和国内外环境变换进行调整和更新。他山之石，可以攻玉，当下我国正处于实施《中国制造2025》、从"制造大国"转向"制造强国"的关键时期，对在"工业4.0"战略背景下德国标准化管理体制及发展现状进行研究，将为深化我国标准化体系建设、推动我国制造业转型升级提供重要参考。

一、德国标准化管理体制

德国的标准化管理体制是政府授权民间管理。根据1975年《德国联邦政府与

DIN 合作协议》，德国标准化学会（Deutsches Institut für Normung e. V.，DIN）被政府正式认可为德国国家标准化机构，负责管理、组织和协调德国的国家标准化工作，代表德国参与非电气类领域的国际、区域标准化活动。同时，DIN 需接受政府的监督，其直接主管单位为德国联邦经济与气候保护部（BMWK）专利政策国家和国际标准化政策处。

1970 年，DIN 与德国电气工程、电子和信息技术协会（Verband der Elektrotechnik, Elektronik und Informationstechnik，VDE）合作，在 DIN 内部成立了德国电工委员会（Deutsche Kommission Elektrotechnik，DKE），负责德国电气工程、电子和信息技术领域标准的制修订和维护，代表德国参加电子、电工领域的国际、区域标准化活动。

（一）德国标准化管理的法律基础

作为指导和规范 DIN 标准化活动的法律基础，《德国联邦政府与 DIN 合作协议》正式确定了 DIN 和 DIN 标准的法律地位，并明确了德国联邦政府与 DIN 的相互合作关系和责任义务。具体内容包括：德国政府确认 DIN 是德国国家标准化机构，需要为 DIN 提供财政支持，并承诺采用 DIN 标准；DIN 应优先制定联邦政府需要的标准，且其标准应与政府立法保持一致[4]。

（二）德国国家标准化机构

DIN 是德国最大的民间标准化机构，成立于 1917 年，拥有上百年历史，总部位于德国柏林。DIN 在欧洲乃至国际标准化工作中起着重要作用，是国际标准化的领跑者。如今世界范围内统一的 A4 纸张尺寸标准就源于 DIN 于 1922 年发布的 DIN 476。根据《德国国家标准化机构章程》，DIN 的目标在于鼓励、组织、指导和适度开展系统化、透明化的标准化、规范化活动，以保障社会公共利益，从而造福全社会。

DIN 至少每两年召开一次全体大会，由全体会员参加，其主要职责是通过 DIN 年度报告、批准主席团的各项活动及选举主席团成员。

DIN 的治理工作主要由主席团、执行局和管理局进行。

（1）主席团

主席团负责为 DIN 确定标准化政策以及运营和财政决策。为支持主席团履行职责，主席团下设多个主席委员会，包括常设委员会、主席团任命委员会和特定任务委员会，这些委员会直接向主席团汇报工作。常设委员会包括选举委员会、财务委员会和 DIN 消费者理事会；主席团任命委员会为研究、创新和发展主席委员会；特定任务委员会为建筑和建筑物委员会、DIN 德国合格评定委员会。

（2）执行局

执行局负责管理 DIN 的运营事务。执行局下设卫生委员会（KGw）和小型企业委员会（KOMMIT），负责协调相应领域的标准化工作，为相关决策者提供信息交流平台，并根据该领域的标准化需求，为 DIN 执行局主席提供建议。

（3）管理局

管理局由业务部门经理与关键战略和运营管理人员组成，负责具体领域的工作，并向执行局汇报工作。其中涉及标准化的工作主要由标准化部负责。标准化部下设建筑部门，水、空气、技术与资源部门，工业与信息技术部门，生活与环境部门，过程管理标准化部门等。

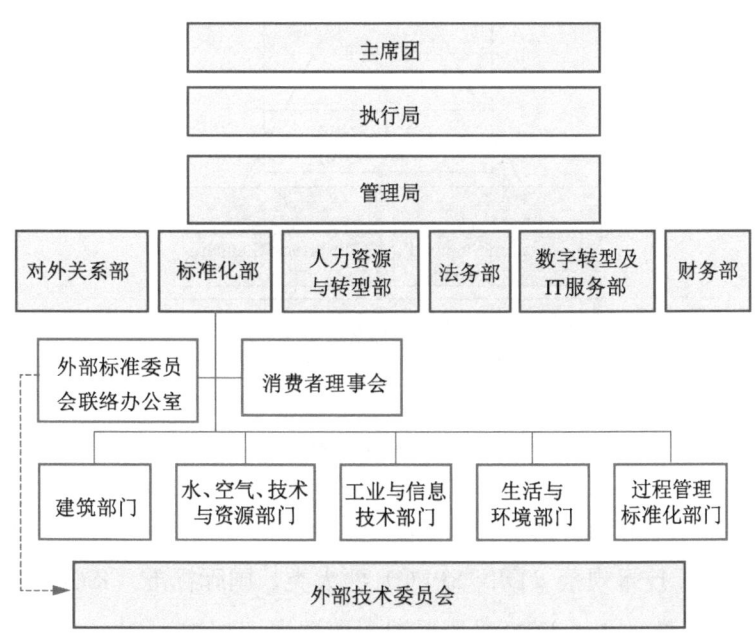

图 1　DIN 组织架构

（三）德国标准化战略

DIN 于 2005 年制定并发布了德国首部标准化战略，并于 2010 年对战略进行了调整和更新。战略指出了标准化对德国的重要作用，并对德国标准化发展方向进行了阐述[6]。为了使标准化战略适应日新月异的科技发展和不断变化的国际环境，DIN 于 2016 年 11 月发布了《德国标准化战略（2017 年版）》，赋予国家标准化战略新的目标和实施要点。2017 年版战略提出了"以标准化塑造未来"的愿景，指出德国标准化的使命是帮助企业和社会巩固、开发和拓展区域及全球市场，并提出了新的六大战略目标和31个实施要点或构想。六大战略目标分别为：标准化促进国际和欧洲贸易发展；标准化成为放松管制的一种工具；德国引领将面向未来的议题纳入全球标准化工作；企业和社会成为标准化的驱动力量；企业将标准化作为重要的战略工具；公众高度认可标准化。

（四）德国标准体系

德国所有标准均为自愿性标准，主要由国家标准、团体标准和企业标准等三级标准组成[1]（如图2）。据研究，德国标准产生的经济效益估计为每年170亿欧元。

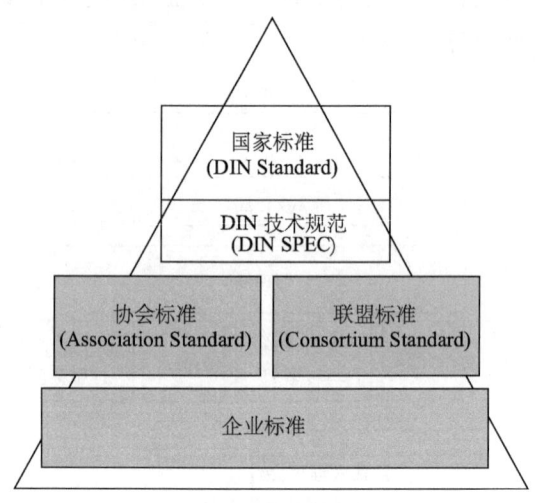

图 2　德国标准体系

国家标准：由 DIN/DKE 制定发布的标准，一般包括 DIN 标准（DIN Standard）和 DIN 技术规范（DIN SPEC）两大类。国际标准（ISO、IEC 标准）和欧洲标准（EN 标准）在经 DIN 采用后纳入德国国家标准。DIN 标准可对外公开。截至 2022 年年底，德国共有约 34 000 项国家标准。

团体标准：由协会标准（Association Standard）和联盟标准（Consortium Standard）组成。协会标准由各行业协会自行制定发布，主要在协会成员内部适用，可对外公开。目前德国大约有 200 多个协会制定了自己的标准，例如，德国工程师协会（VDI）制定了超过 2000 项标准。德国政府及 DIN 不对团体标准和企业标准进行统一管理，因此，德国的团体标准完全是市场行为，无须向政府或者 DIN 登记或备案，无法对其数量进行统计。

企业标准：由企业制定，并在企业内部适用，不对外公开，无须向 DIN 或者德国政府登记或备案。

（五）技术委员会管理

德国承担标准制修订工作的技术组织是技术委员会，根据 DIN 820《标准化工作》系列标准进行监督和管理。这些技术委员会大部分由 DIN 承担秘书处工作，小部分由 DIN 以外的技术单位（企业、科研机构）承担秘书处工作，由外部技术单位承担秘书处工作的技术委员会则被称为外部技术委员会（External Committees），由 DIN 外部标准委员会联络办公室进行管理[11]。

（1）职责

技术委员会负责其工作范围内的国家标准化工作，直接参与或承担欧洲及国际层面对口标准化工作。同时，技术委员会也会支撑所有相关领域德国国家标准的实施以及相关认证工作。

（2）人员组成

每个技术委员会人员不超过 21 人，由一般成员、指导委员会、主席、标准工作组、项目经理（相当于秘书长）组成。成员主要来自高等院校、科研机构和企业。主席和秘书各设一人，由 DIN 派员担任。

（3）成立

以标准化工作需求为导向，当现有委员会工作范围无法涵盖新的项目标准提案、技术委员会需要整合或拆分时，将启动技术委员会组建程序。在明确工作计划、相关利益方组成、财务计划、指导委员会组成、主席和副主席人选等事项后，新技术委员会组建完成。

（4）撤销

经技术委员会内部三分之二以上成员同意，并经董事局确认，技术委员会可被撤销；如技术委员会暂时缺乏活动经费，可暂停工作 2 年，逾期将被撤销；如所有标准项目均已完成，技术委员会也可暂停工作，直到新项目启动。

（5）指导委员会

指导委员会总人数不超过 21 人，由所有技术委员会成员选举产生，其中包括技术委员会主席和副主席以及 DIN 董事局成员，每个片区负责人或项目召集人、赞助方代表、其他利益相关方代表以及项目经理。

指导委员会相当于技术委员会的决策机构，主要职责包括选举主席和副主席、制定工作计划、研究建立并解散技术委员会、协调技术委员会工作、指导监督参与的欧洲及国际标准化工作、批准预算及财务报告等事项。

（6）标准工作组

标准工作组是技术委员会内部设置的专门负责某一项或一组标准制修订工作的小组，核心工作是起草标准和委员会内部审批标准。

（六）德国标准制修订流程

DIN 820《标准化工作》系列标准是德国开展和规范 DIN 标准化工作的指导性文件，对标准化工作的基本原则、技术组织及其应承担的职责、标准的编写要求及工作程序均做了明确规定。其中 DIN 820 第 4 部分对德国标准的制修订进行了详细规定（如图3）。

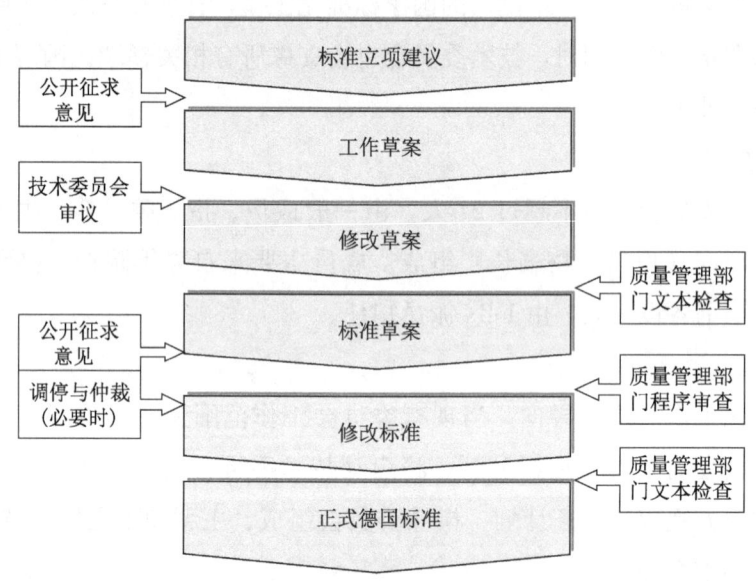

图 3　德国标准制修订流程

（1）标准立项

标准立项建议可以由任何个人（包括外国人）和单位以书面形式提交，也可以通过邮件或者 DIN 网站提交，但必须为德语。标准立项建议需包含需求评估、相关利益方和标准益处、与现有标准重复程度、标准类别（国家、欧洲还是国际）和必要的经费证明。标准立项建议的主要信息公示期为 3 个月。技术委员会根据公示期间收到的意见情况决定立项与否。此外，DIN 还需向欧洲标准化委员会（CEN）通报立项情况，如其他国家也对某一项目感兴趣，那么该项目就有可能直接成为欧洲标准。

（2）标准编制

标准编制过程中，可分为工作草案、标准草案和正式标准三个阶段。

- 工作草案：由技术委员会工作组编写，内容不得与其他法律法规和部门指令冲突，应适应集体利益而非个别利益。
- 标准草案：标准起草组根据技术委员会的讨论情况，对工作草案进行修改，形成标准草案，并对外征求意见。标准起草组根据收集到的意见对标准草案进行修改，提交技术委员会审议并形成最终稿，随即将最终稿交由 DIN 质量管理部门编辑团队进行校对。质量管理部门在确认所有程序均已履行且意见处理情况正常之后，会将标准文档交给出版部门正式出版。
- 正式标准：标准最终稿形成后交由出版集团负责印刷和销售。DIN 出版集团虽然也要审查标准文本，但无权修改，一旦发现问题，会要求技术委员会召集专家重新论证。

（3）标准复审

DIN 国家标准每 5 年复审一次，如不能反映当前技术发展现状，需重新修订或废止。

（4）外国企业参与标准制修订程序

DIN 的会员制度没有国家限制，标准化相关合法团体或企业代表均可加入 DIN，参与具体领域的标准制定工作。

（5）标准编号

德国国家标准编号由 DIN 和数字编号组成，即"DIN XXXX"，电工领域的国家标准则为"DIN VDE"标准，例如"DIN VDE 0100"；如采用欧洲标准，则为"DIN EN XXXX"，采用国际标准，为"DIN ISO XXXX"；如果所采用的欧洲标准已采用国际标准，则为"DIN EN ISO XXXX"。

（七）德国技术标准与法律法规的关系

德国法律法规直接提出技术框架或基本要求，由国家权力机构采用或制定，具有很强的约束性。而德国标准则属于产业自治的产物，由所有利益相关方在协调一致的基础上制定，由独立的标准组织批准发布，不具有强制性。只有在法律条款和合同中被引用时，德国标准才具备法律约束力[1]。

德国国家标准化战略将标准定位为支撑立法的有力工具，主要基于以下因素：一是技术立法需要标准化专家的知识投入；二是制定太过详细的技术法规费时费力；三是立法过程相对较长，可能无法跟上技术快速发展的步伐；四是标准可以作为超越国家层面的附带条款,而法律法规只能在国家范围内适用。

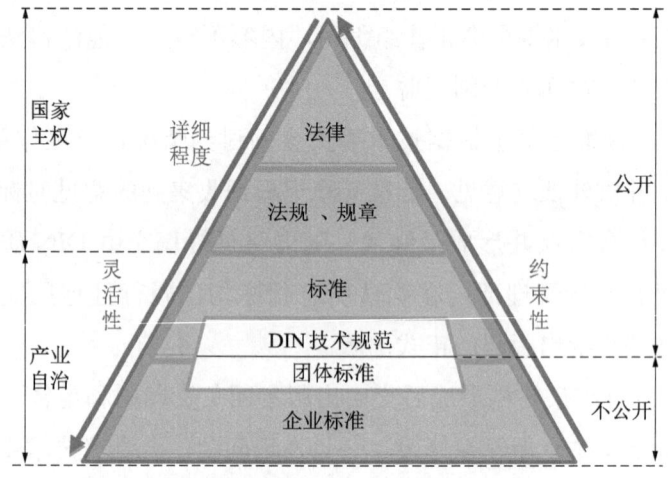

图 4　标准与法律法规体系结构

(八) 国际标准化合作

在欧洲标准化活动中,德国是参与度最高的国家,而在国际标准化活动中,德国的参与程度仅次于美国,位居第二。DIN 于 1951 年成为 ISO 成员,是 ISO 常任理事,担任 ISO 理事会和技术管理局常任成员,在国际标准化活动中发挥着重要作用。同时,DIN 代表德国积极参加欧洲标准化委员会的工作,并在其中发挥着重要作用。数年来,DIN 已经与包括美国、俄罗斯联邦、中国以及印度在内的其他国家拟定了合作协议。

二、工业 4.0 战略背景下的德国标准化发展现状

(一) 德国工业 4.0 战略

随着新一轮技术革命以及日益加剧的国际科技竞争,德国于 2011 年提出制定并推进德国面向未来竞争的总体战略方案——"工业 4.0",以推进促进产业发展创新战略。"工业 4.0"战略以智能制造为主导,围绕"信息物理系统"和"智能工厂"两大主轴,推动制造过程从"自动化"提升至"智能化"。

德国"工业 4.0"战略旨在支持工业领域新一代革命性技术的研发与创新的战略导向,以落实德国政府 2011 年 11 月公布的《高技术战略行动计划 2020》目标。这一战略有助于打造基于信息物理系统的制造智能化新模式,巩固全球制造业龙头

地位和抢占第四次工业革命国际竞争先机[2]。

(二) 德国工业4.0标准化体系

"工业4.0"战略的实施需要把各种不同产业领域及环节之间的隔阂打通,实现关键技术术语、规格标准等联机语言统一化和标准化。为了保障"工业4.0"战略的顺利实施,德国工程院、弗劳恩霍夫协会、西门子、博世等学术界和产业界的重要机构推动成立了德国工业4.0工作组(Plattform Industrie 4.0)[8]。2013年4月汉诺威工业博览会发布了《德国工业4.0战略计划实施建议》,提出德国需要在"标准化和参考架构""管理复杂系统""建立全面宽屏的设施""安全和保障""工作的组织和设计""培训和持续的专业发展""监管框架""资源利用效率"这8个关键领域中采取行动。其中第一个领域就是"标准化和参考架构",即通过制定一揽子共同标准,建立起智能工厂生态链上各个环节的合作机制,优化生产流程,实现信息的高效切换[3]。

DIN和DKE于2013年12月发布了首个《德国工业4.0标准化路线图》,就"工业4.0"涉及的技术标准和规格为所有参与方提供概览、规划基础并提出相关行动建议。在2016年的汉诺威工业博览会上,Bitkom、DIN、DKE/VDE、VDMA和ZVEI等德国工业界和标准化领域的权威机构共同宣布成立工业4.0标准化委员会(Standardization Council Industrie 4.0,SCI 4.0)[7]。SCI 4.0负责制定"工业4.0"数字化产品相关标准并协调其在德国和全球范围内落地,还接手了组织制定德国工业4.0标准化路线图的任务[10](如图5)。此外,德国政府与工业4.0平台[7]共同成立了德国工业4.0实验室网络,负责工业4.0中生产与供应链、软件

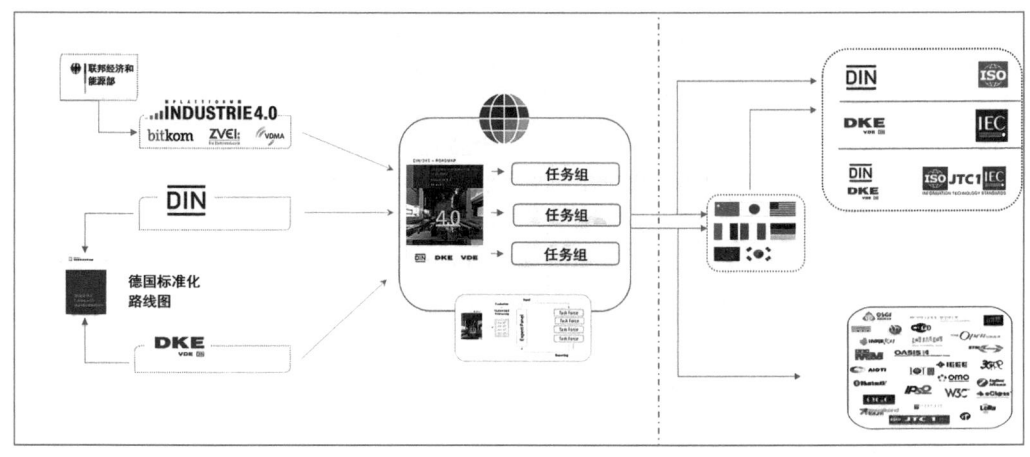

图5 "工业4.0"标准化委员会的组织架构及其国内外协调作用

解决方案、自动化组件的测试和验证，其中有三分之二的测试应用案例集中于机械制造行业。SCI 4.0与工业4.0实验室网络协会对接紧密，极大缩短了标准与测试用例相互转化的周期。至此，工业4.0工作组、工业4.0标准化委员会和工业4.0实验室网络初步构成了德国"工业4.0"标准化体系[10]（如图6）。

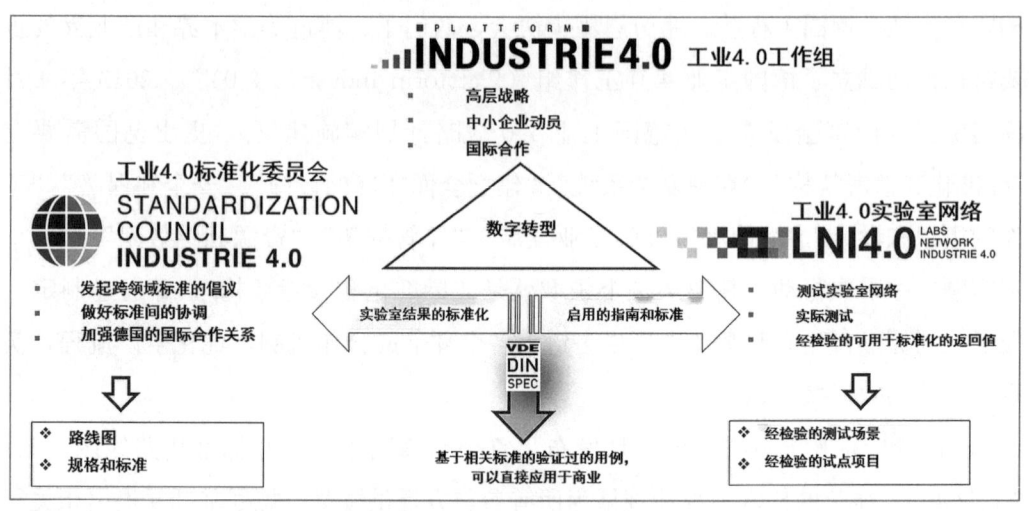

图6 德国"工业4.0"背景下的标准化体系

在"工业4.0"背景下的德国标准化体系中，标准化的协调过程包括四个步骤（见表1）。其中，"审查和决策"步骤由各专业协会和委员会对标准化项目的内容进行评估，避免重复工作，并确保德国国际标准化工作协调一致。

表1 SCI 4.0为工业4.0参与者制定的行动建议

步骤	流程	可参与的工作
启动	从LNI 4.0用例或测试平台启动，目的是转移到新规范/标准或修订现有规范/标准以满足用例	在LNI 4.0网页上输入标准化项目
审查和决策	SCI 4.0办公室与相关专业协会一起，详细审查新的标准化项目，以确定其相关性、成功机会和可能的标准冲突。此外，还就国际标准化项目的成功实施提出可能的目标组织和目标机构	向专业协会的专家委员会介绍标准化项目
（国际）标准化	标准化的具体流程取决于所选择的组织和出版形式。根据不同的组织，标准可以作为联合标准或基于共识的标准进行制定。SCI 4.0可以在此提供指导，例如关于流程方面的帮助	利用DKE用例库实施已立项的标准化项目
验证	验证与标准化同时进行，是一个灵活的过程，根据不同的应用，既可以是一个新的标准化项目，也可以是对现有标准的修订	标准化工作的实际验证

(三)德国的标准现状

与我国不同,德国的国际标准化活动由两个不同的机构承担。其中 DIN 负责德国的非电气类标准的制修订和维护工作,代表德国参加 CEN 及 ISO 活动。DKE 负责德国电气工程、电子和信息技术领域标准的制修订和维护,代表德国参加欧洲电工标准化委员会(CENELEC)、欧洲电信标准化协会(ETSI)及国际电工委员会(IEC)的活动。

(1)非电气类标准现状

截至 2022 年 9 月,DIN 共有 69 个技术委员会和 3575 个分技术委员会。在国际层面,DIN 共承担 131 个 ISO 技术机构秘书处工作(如表 2)。

表 2　德国 DIN 承担的 ISO 技术机构秘书处清单

序号	技术机构编号	技术机构名称
1	ISO/IEC JTC 1/SC 25	信息技术设备互连
2	ISO/IEC JTC 1/SC 27	信息安全、网络安全和隐私保护
3	ISO/TC 2	紧固件
4	ISO/TC 2/SC 7	参考标准
5	ISO/TC 2/SC 11	带公制外螺纹的紧固件
6	ISO/TC 2/SC 12	带公制内螺纹的紧固件
7	ISO/TC 2/SC 13	带非米制螺纹的紧固件
8	ISO/TC 2/SC 14	表面涂层
9	ISO/TC 4/SC 7	球面滑动轴承
10	ISO/TC 4/SC 8	载荷等级和寿命
11	ISO/TC 8/SC 7	内河航运船舶
12	ISO/TC 10/SC 10	工艺装置文件
13	ISO/TC 14	机械和配件用轴
14	ISO/TC 17/SC 4	可热处理钢和合金钢
15	ISO/TC 17/SC 10	压力用钢
16	ISO/TC 20/SC 4	航空航天紧固件系统
17	ISO/TC 20/SC 10	航空航天流体系统和部件
18	ISO/TC 21/SC 11	烟气和热量控制系统及部件
19	ISO/TC 22/SC 31	数据通信
20	ISO/TC 22/SC 33	车辆动力学和底盘部件
21	ISO/TC 22/SC 37	电力推进的车辆
22	ISO/TC 23/SC 3	安全性和舒适性

(续表)

序号	技术机构编号	技术机构名称
23	ISO/TC 23/SC 4	拖拉机
24	ISO/TC 23/SC 19	农业电子产品
25	ISO/TC 24	微粒的界定，包括筛分
26	ISO/TC 24/SC 8	测试筛分、筛分和工业筛选
27	ISO/TC 29/SC 5	砂轮和磨料
28	ISO/TC 29/SC 9	具有明确切割边缘的工具、夹持工具、切割物品、适应性物品和接口
29	ISO/TC 29/SC 10	螺钉和螺母的装配工具、钳子和镊子
30	ISO/TC 35/SC 14	钢结构的保护性油漆系统
31	ISO/TC 35/SC 16	化学分析
32	ISO/TC 37/SC 3	术语资源管理
33	ISO/TC 37/SC 5	笔译、口译及相关技术
34	ISO/TC 39/SC 6	机械工具的噪声
35	ISO/TC 39/SC 8	工件夹持主轴和卡盘
36	ISO/TC 43	声学
37	ISO/TC 43/SC 1	噪声
38	ISO/TC 43/SC 2	建筑声学
39	ISO/TC 44/SC 6	电阻焊接和相关机械连接
40	ISO/TC 44/SC 8	气焊、切割和相关工艺用设备
41	ISO/TC 44/SC 10	焊接领域的质量管理
42	ISO/TC 44/SC 12	焊接材料
43	ISO/TC 44/SC 13	钎焊材料和工艺
44	ISO/TC 44/SC 14	航空航天的焊接和钎焊
45	ISO/TC 45/SC 1	橡胶和塑料软管及软管组件
46	ISO/TC 48	实验室设备
47	ISO/TC 60/SC 2	齿轮承载能力计算
48	ISO/TC 61/SC 5	物理-化学特性
49	ISO/TC 61/SC 6	老化、化学和环境抗性
50	ISO/TC 61/SC 14	环境方面
51	ISO/TC 69/SC 4	统计方法在产品和流程管理中的应用
52	ISO/TC 70/SC 8	废气排放测量
53	ISO/TC 72/SC 3	织物制造用机械，包括前纺机械和附件
54	ISO/TC 72/SC 4	染色和整理机械及附件

(续表)

序号	技术机构编号	技术机构名称
55	ISO/TC 72/SC 5	工业洗衣和干洗机械及附件
56	ISO/TC 72/SC 8	纺织机械的安全要求
57	ISO/TC 76	医疗和制药用的输血、输液和注射及血液处理设备
58	ISO/TC 82	采矿业
59	ISO/TC 83	体育和其他康乐设施及设备
60	ISO/TC 83/SC 6	武术
61	ISO/TC 85/SC 6	反应器技术
62	ISO/TC 89	木质板材
63	ISO/TC 94/SC 15	呼吸道保护装置
64	ISO/TC 96/SC 10	设计原则和要求
65	ISO/TC 101	连续机械装卸设备
66	ISO/TC 106/SC 4	牙科仪器
67	ISO/TC 106/SC 6	牙科设备
68	ISO/TC 108/SC 2	应用于机器、车辆和结构的机械振动及冲击的测量与评估
69	ISO/TC 108/SC 4	机械振动及冲击的人类暴露
70	ISO/TC 110	工业卡车
71	ISO/TC 110/SC 1	一般术语
72	ISO/TC 111/SC 1	链条和链条吊索
73	ISO/TC 112	真空技术
74	ISO/TC 115/SC 2	测量和测试方法
75	ISO/TC 119/SC 3	烧结金属材料（不包括硬质金属）的取样和测试方法
76	ISO/TC 119/SC 4	硬金属的取样和测试方法
77	ISO/TC 121/SC 1	呼吸附件和麻醉机器
78	ISO/TC 123/SC 2	材料和润滑剂，其性能、特点、测试方法和测试条件
79	ISO/TC 123/SC 3	尺寸、公差和结构细节
80	ISO/TC 123/SC 5	质量分析和保证
81	ISO/TC 126	烟草和烟草制品
82	ISO/TC 131/SC 1	符号、术语和分类
83	ISO/TC 131/SC 2	泵、电机和整体传动装置
84	ISO/TC 131/SC 3	汽缸
85	ISO/TC 135/SC 3	超声波测试
86	ISO/TC 135/SC 5	射线测试
87	ISO/TC 145/SC 2	安全标识、标志、形状、符号和颜色

(续表)

序号	技术机构编号	技术机构名称
88	ISO/TC 146	空气质量
89	ISO/TC 146/SC 4	一般方面
90	ISO/TC 146/SC 5	气象学
91	ISO/TC 146/SC 6	室内空气
92	ISO/TC 147	水质量
93	ISO/TC 147/SC 2	物理、化学和生物化学方法
94	ISO/TC 147/SC 4	微生物方法
95	ISO/TC 147/SC 5	生物学方法
96	ISO/TC 148	缝纫机
97	ISO/TC 149	循环
98	ISO/TC 150	手术用植入物
99	ISO/TC 150/SC 1	材料
100	ISO/TC 159	工效学
101	ISO/TC 159/SC 1	人机工程学一般原则
102	ISO/TC 161	气体和/或石油的控制和保护装置
103	ISO/TC 163/SC 1	测试和测量方法
104	ISO/TC 164/SC 3	硬度测试
105	ISO/TC 168	假肢和矫形器
106	ISO/TC 170	手术器械
107	ISO/TC 172	光学和光子学
108	ISO/TC 172/SC 1	基本标准
109	ISO/TC 172/SC 4	望远镜系统
110	ISO/TC 172/SC 5	显微镜和内窥镜
111	ISO/TC 172/SC 7	眼科光学器件和仪器
112	ISO/TC 172/SC 9	激光和电子光学系统
113	ISO/TC 174	珠宝和贵金属
114	ISO/TC 184/SC 1	工业网络和物理设备控制
115	ISO/TC 190	土壤质量
116	ISO/TC 190/SC 3	化学和物理特性界定
117	ISO/TC 190/SC 7	影响评估
118	ISO/TC 194	医疗设备的生物和临床评估
119	ISO/TC 195/SC 2	道路作业机械及其相关设备
120	ISO/TC 199	机械安全

(续表)

序号	技术机构编号	技术机构名称
121	ISO/TC 222	个人财务规划
122	ISO/TC 232	教育和学习服务
123	ISO/TC 256	颜料、染料和体质颜料
124	ISO/TC 261	增材制造
125	ISO/TC 269	铁路应用
126	ISO/TC 274	光和照明
127	ISO/TC 276	生物技术
128	ISO/TC 291	家用燃气灶具
129	ISO/TC 297	废物收集和运输管理
130	ISO/TC 312	卓越服务
131	ISO/TC 326	用于食品的机械

截至2022年9月，DIN发布的标准共有33 577项，其中ISO相关标准7580项、IEC相关标准774项、欧洲标准组织（CEN和CENELEC）相关标准21 598项，DIN国家标准9589项。进入新世纪以来，德国标准化工作稳步发展，2022年新发布标准1740项，相较于2000年的768项增加了126%，每年发布标准如图7所示。

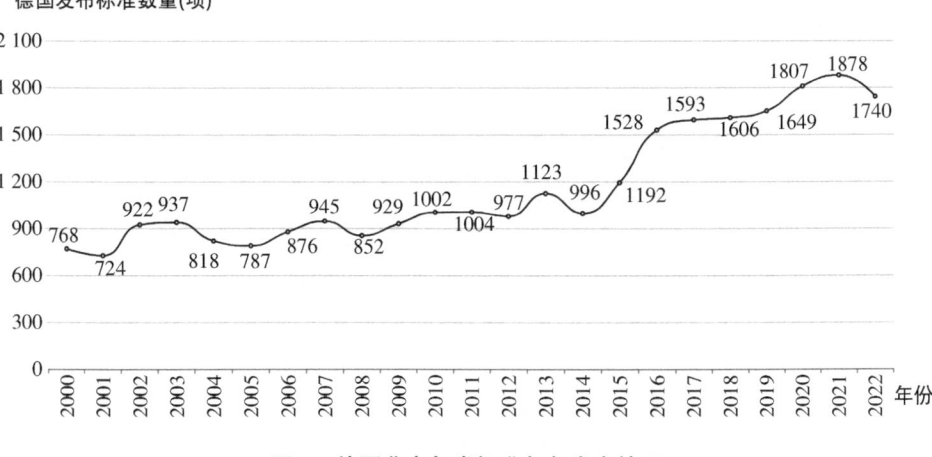

图7　德国非电气类标准每年发布情况

在国际标准制修订方面，德国主导了1456项ISO标准的制修订。2000年德国主导制定标准29项，至2021年增长至97项，期间增长了近3倍。相对于DIN国家标准的稳步增长，德国主导ISO标准制修订的数量起伏较大，但整体呈上升趋势，具体增长情况如图 8 所示。

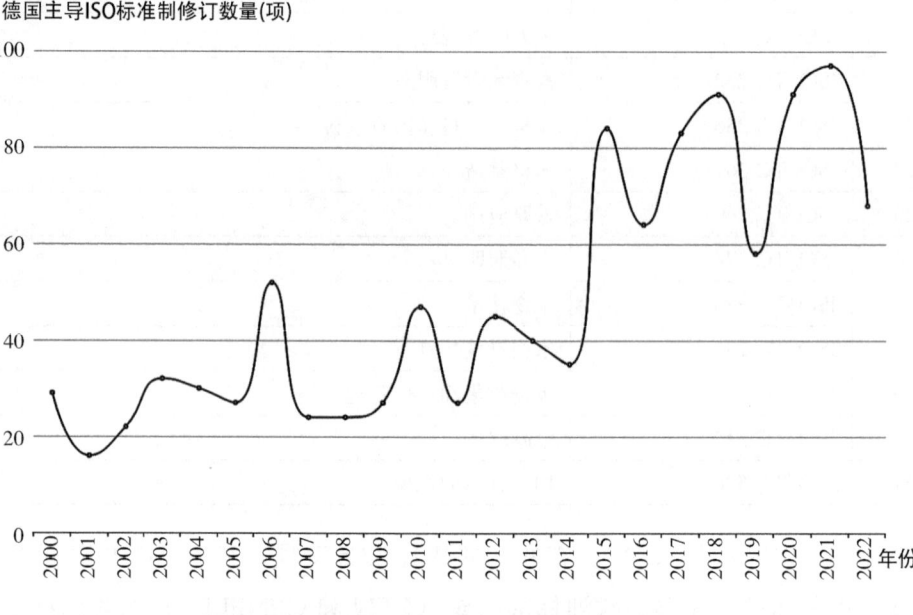

图 8 德国主导的 ISO 标准制修订情况

在标准制修订的热点领域方面，针对德国主导的 1456 项 ISO 标准进行热词分析，可以看到流体动力（词频系数 0.055）、车辆（词频系数 0.047）、轴承（词频系数 0.046）、磨具（词频系数 0.045）等交通及车辆、机械制造相关的标准占据多数，如图 9 所示。

图 9 德国主导制定的 ISO 标准关键词云图

针对德国2019至2022年3年内主导制订的ISO标准进行热点分析,如图10所示,可以发现,硫化橡胶(词频系数0.069)、轴承(词频系数0.062 0)、公差(词频系数0.059 8)、尺寸(词频系数0.059 0)等机械制造业相关标准仍然占据多数,而土壤(词频系数0.073)、空气(词频系数0.029 5)等环保相关的关键词成为了高频关键词,这说明德国近几年在ISO标准制修订中,除了以传统的制造业为主导方向外,也在环境和环保领域标准上进行发力。

图10　2019—2022年德国主导制定ISO标准关键词云图

(2)电气类标准现状

德国电气类标准主要由DKE发布。截至2021年,DKE发布的标准共有7455项。

DKE发布的标准可分为德国国家本土标准(标准编号DIN XXXX)、等同采用IEC标准(标准编号DIN IEC XXXX)、采用欧洲本土标准(DIN EN/HD XXXX)及采用基于IEC标准的欧洲标准(标准编号DIN EN/HD IEC XXXX)。由图11可见,在1997年之前,DKE发布的标准以德国国家本土标准及等同采用IEC标准为主。自1997年起,DKE发布的国家标准中采用基于IEC标准的欧洲标准和采用欧洲本土标准的占比急剧增加。截至2021年年底,DKE发布的国家标准中,约有78.9%为采用基于IEC标准的欧洲标准;12.7%采用欧洲本土标准;4.6%等同采用IEC标准,DKE制定的国家本土标准仅占3.8%。

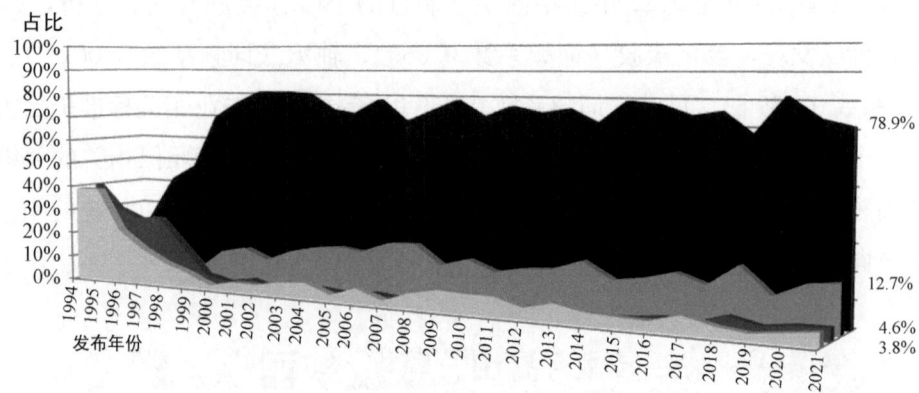

■DIN((国家本土标准) ■DIN IEC(等同采用IEC标准) ■DIN(采用欧洲本土标准) ■DIN(采用基于IEC标准的欧洲标准)

图 11 历年来 DKE 发布的标准类型

图 12 显示了 DKE 主导制定的 IEC 标准、CENELEC 标准和 ETSI 标准数量。截至 2021 年年底，DKE 主导制定 IEC 标准共 7201 项，其中 2021 年发布 463 项；主导制定 CENELEC 标准共 7513 项，其中 2021 年发布 503 项；主导制定 1439 项，其中 2021 年发布 60 项。

Figures of DKE	Figures up to 31/12/2021	published in 2021
IEC Standards		
IEC Standards	7201	463
IEC/TS	421	46
IEC/TR	682	50
IEC-PAS	38	8
Final drafts (FDIS)	319	319
Drafts (CDV)	439	439
Main projects (ANW + Maintenance)	1796	952
CENELEC Standards		
EN	7513	503
HD	200	3
CLC/TS	94	13
CLC/TR	131	7
Ongoing projects	1472	-
prEN + prHD	-	811
ETSI Standards		
EN	1439	60
ES	349	12
TS	2363	1565
EN drafts	-	81

图 12 DKE 主导制定的 IEC、CENELEC 和 ETSI 标准

三、德国标准化发展特点及趋势与我国国际标准化工作对策建议

（一）德国标准化发展特点及趋势

作为欧盟最大经济体以及欧洲一体化的主要推动者，德国标准化始终与国际化伴随推进，是国际标准化的"领跑者"，所开展的标准化工作80%以上实质上为国际标准化工作。与此同时，德国高度关注新兴技术领域标准化发展，特别是标准数字化、人工智能等关键技术领域，通过制定各关键领域标准路线图，确定标准化行动框架，从而加强德国工业在全球的竞争力。德国标准化发展特点和趋势主要体现在以下几个方面。

一是以国际标准化为部署重点，重视对国际标准的贡献。《德国标准化战略》目标一为"标准化促进国际和欧洲贸易发展"，提出德国将认可并将持续增强ISO和IEC的国际关联性，并指出，"全球公认的一致标准，是提高德国出口型工业竞争力不可或缺的条件"。在国际标准化活动中，截至2021年年底，DKE发布的国家标准中，约有78.9%为采用基于IEC标准的欧洲标准。德国承担的ISO、IEC技术组织的秘书处的数量在各国中占据绝对优势。截至目前，德国国家标准化机构（DIN）在ISO中共参与了3个政策制定委员会和749个技术组织的工作，并承担其中131个技术组织的秘书处工作，占ISO TC/SCs的16.2%，位居世界首位。从参与IEC工作情况来看，德国承担37个技术组织的秘书处工作，并承担了55个技术组织主席职位，遥遥领先于其他国家。

二是聚焦新兴技术和未来产业领域标准化工作，引领全球变革。《德国标准化战略》目标三为"通过利益相关方之间的交流、制定新的流程和建立协调平台，德国走在将面向未来的议题纳入全球标准化工作的最前沿"。德国在推行诸如工业4.0、能源转型、人工智能、未来交通和智慧城市等重大产业战略时，往往把标准化置于首位，并协调各方力量共同制定产业标准化线路图。例如，为保障"工业4.0"战略的顺利实施，德国在政府、协会、企业等多方通力合作的基础上制定了八项优先行动计划，其中将标准化排在八项计划的首位。随后，《工业4.0标准化路线图》的发布为工业4.0技术发展方向及标准规范提供了概览和规划基础。截至目前，德国发布并持续更新了工业4.0、循环经济、人工智能、智慧城市、智慧农业、量子技术等新兴技术领域的标准化路线图。通过加强顶层设计，提升标准与产业发展实际需求的契合度，德国致力于推动重大战略的具体实施，促进产业的健康

快速发展。可以说,德国世界领先工业大国地位的确立与保持,同标准化战略密不可分。

三是政府持续提供资金支持,为德国开展标准化工作提供了保障。根据《联邦政府标准化政策理念》,德国联邦政府通过资金捐赠、服务合同、资助项目等方式为DIN开展标准化工作提供资助。各部委为各自领域的标准化组织提供了可观的项目资金资助,如德国联邦环境、自然保育与核安全部(BMU)为环境保护协调办公室(KU)开展标准化工作提供了超过15年的资助;德国联邦劳工与社会事务部自1994年以来就持续支持促进职业安全与标准化委员会(KAN)的发展。作为DIN主管部门的德国联邦经济与气候保护部(BMWK)发起了以专利和标准促进知识和技术转化计划(WIPANO)等标准化资助项目,为中小企业参与国内外标准化工作提供补助。

四是致力于推动社会团体等标准化相关机构之间的有效和有针对性的合作。《德国标准化战略》将"企业和社会成为标准化发展的驱动力量"作为战略目标之一。为实现该目标,在技术呈现高度融合的背景下,DIN和DKE与技术协会、社会团体开展协调有效的合作,并促进拥有较少标准化工作资源的利益相关方(如中小型企业或消费者)更好地融入标准化流程。例如,《德国电动汽车标准化路线图》由德国国家电动汽车平台(NPE)制定;《德国储能标准化路线图》由DIN、DKE、德国燃气与水工业协会(DVGW)和德国工程师协会(VDI)共同制定。

五是尤其注重培育国际标准化人才队伍,为主导国际标准化工作提供人才保障。《德国标准化战略》将"公众高度重视标准化"作为战略目标之一。德国积极鼓励各利益相关方通过DIN、DKE参与ISO、IEC等国际标准制修订工作。据统计,DKE的9000名技术专家中有约1250名活跃于IEC。25%的IEC主席和19%的IEC秘书来自DKE。为培育国际标准化人才队伍,德国加入了"IEC青年专家计划",连续两年开展DKE青年专家夏令营活动。

(二)我国国际标准化工作对策建议

就国际环境而言,当今世界正经历百年未有之大变局,基于科技创新的国际竞争越来越激烈,标准化作为国际科技竞争、贸易竞争的制胜法宝,更是成为大国之间、区域之间争夺主导权的重要战场。德国从其可持续发展及保持竞争优势的立场出发,制定的标准化新政策对中国国际标准化发展的影响无法避免,中国唯有全方位加强国际标准化体系建设、夯实国际标准化竞争基础,方能始终立于不败之地。经分析研判德国国家标准化发展特点及趋势,结合我国标准化发展现状,建议下一步重点开展以下工作：

持续跟踪德国 ISO、IEC 国际标准提案情况，瞄准时机，利用现有的中德标准化合作机制以及下设专业工作组，加强重点领域标准化合作，并在 ISO、IEC 国际标准化活动中加强立场协调一致，互相支持。一是针对数字化转型、绿色发展等欧盟战略性新兴产业，它们一定是未来欧洲乃至国际社会高度重视且全力推进的方向。这包括如机器可读标准等新兴标准化领域，5G、人工智能、物联网等中国优势标准化领域，还有环境、社会和治理（ESG），智慧城市，节能环保，全球性紧急事件等重点或创新领域。定期分享交流相关项目进度，加强宣传中德双方形成标准化方面的阶段性成果，并积极推进标准成果的应用推广。二是针对德国目前标准制定或近年来国际标准提案热点领域，加强标准化跟踪，结合我国具体行业发展情况，适时与其开展合作。

加大重点领域国际标准跟踪、评估力度，加快转化适合我国国情的国际标准。中国一贯重视采用国际标准工作，始终坚持提倡和鼓励根据国家产业发展实际情况采用国际标准。《国家标准化发展纲要》将提升标准国际化水平作为标准化发展主要目标之一，并明确提出到 2025 年我国的国际标准转化率达到 85% 的量化指标。这表明中国标准制定注重与国际接轨，对国际标准紧密跟踪、及时转化、"应转尽转"。经过长足的努力，中国采用国际标准工作取得了显著成效，现在已有大量先进适用的国际标准被转化制定为国家标准。截至 2021 年年底，中国的国际标准转化率已达到 77%，其中主要装备制造业、重点消费品、新一代信息技术等多个重要产业领域的国际标准转化率已超过 90%。

学习借鉴德国国际标准化工作中的亮点，吸引利益相关方积极参与国际标准化活动，增加国际标准专家数量和质量，提升我国对国际标准的贡献率。进一步加强对企业参与国际标准工作的支持力度，化被动为主动，积极扩大中国在国际标准化舞台的影响力。通过多举措培养国际标准化人才、发挥标准化资助政策的导向作用等措施鼓励我国优势产业或领军企业进一步争取承担国际标准化组织的秘书处工作；帮助中国出口企业及利益相关方参与欧洲标准化活动，积极主动了解其技术发展、标准动态、政策趋势，开展标准及技术差异分析及比对，有效应对市场准入壁垒，从而进一步促进贸易便利化。

加强国际标准研究工作，针对国际标准的空白领域，以我为主提出组建国际标准组织新技术领域和国际标准新提案的工作建议，发起成立更多的技术委员会，进而提升中国标准的国际话语权。同时积极运用主导制定的国际标准，建立相应的国际合格评定体系，助力中国标准、技术、产品"走出去"。近年来，中国主导制定的国际标准数量不断增加，但运用好这些国际标准成果还需要更进一步的工作。国际标准以及相关认证体系对于产品的国际市场准入至关重要，而当前中国相关认证体系建设与世界制造贸易大国的地位还很不相称，因此需要结合国际标准完善相关认证体系建设，加强与国际标准认证体系的互认，推动中国标准和认证"走出去"，带动产品、技术、装备和服务"走出去"。

持续建设国际标准化人才队伍。标准化人才培养和储备是推进国际标准化水平不断提升的先决条件和决胜因素。国际标准化舞台是高素质人才的竞技场，需要一支懂专业、通语言、善协调、熟规则的复合型人才队伍。在这方面，中国的专业技术人才队伍在迅速成长过程当中，但技术人才的外语应用水平和标准化能力还有待提升。这要求我们的技术人员须熟练掌握国际标准化基础知识，具备将英语作为工作语言参与、主持国际标准制修订工作的能力。为此，有必要更多地将标准化纳入大学阶段的通识教育，引导大学生建立面向标准治理的知识体系，提升英语教学实用性。加强与国际组织的合作，多渠道开展针对企业、社会团体的标准化培训。推动我国标准领域人才担任国际标准组织、认证组织的重要职务，在国际标准制定主导性、标准制度原创性、国际标准提案数等方面更好发挥中国作用，提供更多中国方案。

参考文献

[1] 陈展展,黄丽华.德国标准化发展现状及中德标准化合作建议[J].标准科学,2018(12):11-15.

[2] 郭政.标准引领德国工业升级——德国工业4.0中的标准化战略及其启示[J].上海质量,2013(10):22-26.

[3] 刘洪民,刘炜炜.对标德国制造 浙江实施制造业标准化战略的对策建议——基于国家标准化综合改革试点的背景[J].科技和产业,2019,19(5):12-16.

[4] 刘青春.美国 英国 德国 日本和俄罗斯标准化概论[M].北京:中国质检出版社,2012:80-119.

[5] 毛芳,盛立新.国际标准化发展新趋势背景下中国标准国际化的现状及路径完善[J].标准科学,2018(12):88-91.

[6] 岳蕾.德国标准化战略对我国标准化改革的启示[J].电器工业,2016(9):73-74.

[7] DIN. What is Industry 4.0? [R/OL].[2023-12-12]. https://www.din.de/en/innovation-and-research/industry-4-0/what-is-industry-4-0-75534.

[8] Plattform Industrie 4.0. Industrie 4.0 Timeline — WE PAVE THE WAY FOR DATA-BASED ECOSYSTEMS[R/OL].[2023-06-15]. https://www.plattform-i40.de/IP/Redaktion/EN/

Downloads/Publikation/Timeline_Industrie40.pdf?__blob=publicationFile&v=2.

[9] DIN/DKE. German Standardization Roadmap on Industry 4.0 (version 5)[R/OL].[2023-01-15]. https://www.din.de/resource/blob/907744/61cf955a9830c84aefee02747b3d9fa0/nrm-industrie-4-0-version-5-2023-engl-web-data.pdf.

[10] Standardization Council Industry 4.0. Background of the Standardization Council Industrie 4.0[R/OL].[2023-12-30]. https://www.sci40.com/english/about-us/.

[11] DIN. Standards Committees[DB/OL].[2023-12-12]. https://www.din.de/en/getting-involved/standards-committees.

德国个人数据保护的实践和对中国的启示

周 灵 李庭蔚 深圳技术大学外国语学院英语系

内容概要：在大数据时代，个人数据保护在我国数字经济发展中的地位日益凸显。尽管我国已颁布《个人信息保护法》等法律，但个人数据保护仍处于初级阶段，缺乏具体的实施细则。德国作为早期制定数据保护法律的国家，其个人数据保护的发展历程可以为中国带来启示。德国数据保护法律明确规定了数据处理者的义务和数据监管机构的职责，还通过修订反限制竞争规则防止数据垄断，确保个人的数据权益。此外，德国建立了完善的中央与州的数据保护机构，以及企业内部独立的数据保护官制度，进一步保护个人数据。因此，中国可以借鉴德国的经验，完善个人数据保护法律体系，加强监管和控制，防止数据垄断，从而促进数字经济的发展。

关键词：个人数据；数据保护；数据安全；个人隐私

一、引言

党的二十大报告提出"加快发展数字经济"。中共中央、国务院于 2022 年 12 月印发《关于构建数据基础制度 更好发挥数据要素作用的意见》。这意味着我国需要构建数据基础制度体系，包括数据产权、流通交易、收益分配、安全治理等；还需要促进数据高效流通使用，以赋能实体经济，并加快发展数字经济。随着数字化社会以及数字化经济的快速发展，数据安全也成为我国国家安全领域的重要一环。

2021 年，我国颁布了数字经济领域的两大重要法律《数据安全法》和《个人信息保护法》，为个人数据保护建立了基本的法律框架。尽管如此，我国的数据安全治理体系仍处于发展初期，特别是个人数据保护法律的实施尚在起步阶段。具体的实施和执行细则仍需进一步完善和细化，对个人数据的定义尚未明朗，其传输和处理的规范也依然不够明确。中国有着十四亿的庞大人口，产生的个人数据量不计其数，个人数据与企业间的交接也数不胜数，因而出台更为完善的个人数据保护法律法规尤为重要。欧盟作为较早制定数据保护法律法规的地区，其数据保护的相关立法实践可以追溯到1995年，而其核心成员国德国更是早在1978年《联邦数据保护法》中就确立了基本的个人数据保护的法律框架。本文旨在通过研究德国个人数据保护的立法及司法实践，为中国个人数据保护体制机制的完善提供思路与建议。

二、德国个人数据保护的发展历程

随着计算机技术的普及，数据的大量产生催生了人们对计算机时代下个人数据潜在风险和隐私问题的关注、分析与探讨。德国对数据保护的关注始于20世纪70年代，同时也孕育了全球首个数据保护法，即1977年颁布的《联邦数据保护法》（Bundesdatenschutzgesetz，简称BDSG 1977），旨在监管政府机构和公共部门的数据处理。20世纪90年代，随着互联网的兴起和全球化的发展，数据保护的议题进一步扩大。德国政府逐步追随欧盟的步伐，参与制定并实施欧盟1995年《数据保护指令》（Data Protection Directive）。在此之后，德国曾多次对1977年发布的《联邦数据保护法》进行修订，并从20世纪90年代起在数据保护领域进行了一系列重要的法律修正，以应对技术和社会变迁的挑战。1990年的修正主要关注了德国统一后的新形势，特别是东德地区的数据保护需求。2001年的修正则致力于与欧盟数据保护指令保持一致，确保德国的数据保护法符合欧盟的要求。随着互联网和数字化技术的飞速发展，2009年的修正扩大了个人数据保护的范围，并强化了对数据处理者的责任。2016年4月，欧盟议会正式通过《通用数据保护条例》（EU General Data Protection Regulation，GDPR），并设定了两年的过渡期给各成员国。据此，德国的数据保护法也得到了更新。德国于2017年通过了最新的《联邦数据保护法》（简称BDSG 2017），该法2018年正式生效，以适应GDPR的要求并补充相关规定，进一步增强了对个人数据的保护力度，并引入了更严格的处罚机制。这一系列修正使德国国内数据保护立法与时俱进。

目前，以《联邦数据保护法》为基础，德国各州也根据自身实际情况制定了本州的个人数据保护法律法规，与欧盟个人数据保护相关法律法规共同构成了一个严密的法律体系，规范着德国的个人数据保护工作。

(一) 德国个人数据保护的定义与内涵

德国的《联邦数据保护法》对数据和个人数据进行了相应的划分。根据该法律，数据可以分为两种类型：一般数据（allgemeine Daten）和个人数据（personenbezogene Daten）。一般数据指的是与特定个人无关的数据，即不直接或间接识别任何个人的信息。这些数据不涉及任何个人的私人生活或个人身份，不受个人数据保护法的严格规定。而个人数据则指与特定个人直接或间接相关的数据，即可以用于识别、联系或指向特定自然人的信息。它可以包括个人的姓名、地址、电话号码、电子邮件地址、个人照片、社交媒体账号、银行信息等。个人数据受到德国和欧洲的个人数据保护法律的严格保护。《联邦数据保护法》对于个人数据的定义和保护提供了较为详尽的规定，包括数据处理的合法性、目的限制、数据最小化原则、透明度、数据主体的权利等方面的规定。该划分在确保个人数据的隐私权得到适当保护的同时，促进了数据处理的合法性和透明度。

目前，德国法律已经进一步细化了个人数据的内涵，对个人数据的定义不仅仅停留在简单的个人基本信息层面。根据《联邦数据保护法》，个人数据包括了个人或已识别、能识别的数据主体的客观情况的信息。该法同时还特别规定了特殊种类的个人数据，这是指关于种族血统、政治观点、宗教或哲学信仰、党派、健康情况或者性生活的信息。在德国的语境下，个人数据已经被视为主体人格的一部分，具有不可转让性，类似于德国法律对于版权的规定。与版权使用权一样，个人数据的使用权在破产程序中也可以转让给第三方，前提是满足欧盟《通用数据保护条例》的规定。

个人数据的主体人格化，表明了德国在对待个人数据的层面上，遵守《德国基本法》中的"人性尊严条款"和"一般人格权条款"。特别是德国联邦宪法法院在1983年的"人口普查案"判决中，推导出"信息自决权"概念。这也意味着德国将"信息自决权"的保护列为国家宪法规定的权利，公民可以通过违宪审查约束公权力机构收集和使用个人数据的行为，从而不受国家公权力侵害。在此后的发展中，德国逐步将个人数据保护纳入到民法一般人格权的保护体系当中，以私法保障个人信息自决权不受其他私人的侵害。

三、德国对个人数据保护的具体实操

对于个人数据的保护，德国主要还是围绕"信息自决权"这一关键权利来进行

的。当今社会处于数字化、大数据时代，企业、政府以及其他任何机构在提供相应服务时都不可避免地有收集和处理个人数据的环节。因此，告知用户个人数据收集和使用情况的"知情权"以及同意在合法范围内对个人数据进行应用、分析或加工的"同意原则"成为了德国对个人数据进行保护的两大方面。此外，由于欧盟《通用数据保护条例》在法律地位上要高于德国的国内法，德国国内的个人数据保护需在该基础上结合《联邦数据保护法》相关细则进行实操。

（一）德国与欧盟《通用数据保护条例》法律框架

欧盟《通用数据保护条例》确认了同意原则在收集和处理个人数据的合法性方面的重要地位。在第7条中，法规规定了详尽的同意要件，包括同意的必要性、同意的撤回、同意行为的效力、划定自愿同意的标准，以及处理个人数据的负责人所承担的获得同意的证明责任。根据第8条的规定，针对未满13岁的青少年的同意行为，必须由父母或其他监护人代表同意，或者在经过他们的同意的情况下，他们自己做出的同意才被视为合法有效。对于这种同意，数据处理负责方有责任通过相应的技术手段确保其同意可以得到验证。这样的专门规定有助于保护青少年的健康，并在法律效力上更具有保障[1]。对比1995年的《个人数据保护指令》，2018年实施的GDPR在条文数量和内容具体程度上大幅增加。

尽管GDPR相较于1995年的《个人数据保护指令》在条文数量和具体内容上有显著增加，但它们之间存在根本的适用效力区别。作为直接适用的法律文本，GDPR要求必须尽量具体明确，以减少不同解读的可能性。然而，目前来看，GDPR的具体程度还不足以令人满意。GDPR中存在大量的开放性条款，这些开放性条款是为了兼容欧盟各个成员国之间具体情况所设立的。因此，许多学者在对待GDPR上，更偏向于视之为欧盟和成员国在个人数据保护法律问题上的合作指令，而非真正的可直接适用的法律法规。在大多数问题上，GDPR只提供了方向性和概括性的规定，而德国的内部实操还是要依照《联邦数据保护法》。此外，尽管改革的目的是适应技术和信息社会的进一步发展，但GDPR并未充分呼应技术进步，这对于科学技术发达、信息交流程度高、个人数据体量大的德国而言是不现实的。对于德国而言，全盘遵循强调个人数据权利的加强和保障的GDPR，而忽视信息技术的具体应用原理，会使其在面对信息技术发展时显得相对被动。

（二）德国《联邦数据保护法》细化个人数据保护规定

《联邦数据保护法》对个人数据的保护体现在三大方面：数据处理原则、数据主体权利以及数据处理者义务。数据处理原则包括合法性、公正性、透明性、特定目的性、数据最小化、真实性和及时性以及存储限制。该法赋予的数据主体权利为信息披露权、访问权、反对权和数据可携带权。同时，数据处理者有义务进行合法处理，采取数据安全措施，遵守数据保留期限，并与监管机构合作和提供针对数据的救济措施。这些原则、权利和义务确保了德国个人数据的合法性、透明性和安全性，平衡了个人隐私权和数据使用的合法需求。

数据处理原则本质上是要求任何机构和组织在使用个人数据时，依照"知情权"以及"同意原则"两大指标，告知用户征用数据的目的、方式和法律依据。数据处理者需要在收集、处理和使用个人数据时遵循透明原则，向数据主体提供清晰明了的信息，包括数据的处理目的、数据的类型、数据的存储时间以及数据的共享情况。此外，数据处理者还需要取得数据主体的同意，在符合法律要求的情况下进行数据处理活动。这种基于同意原则的数据处理确保了数据主体的自主权和选择权，使其能够更好地控制自己的个人数据。

除了遵循 GDPR 的相关规定，德国《联邦数据保护法》对上述原则和权利进行了进一步细化和完善。《联邦数据保护法》明确规定了数据处理者的义务，要求其采取适当的技术和组织措施来确保数据的安全性。此外，监管机构对数据处理者的监管和控制也得到加强，以确保法律的执行和数据主体权益的保障。这些细致的规定和完善的法律框架使得德国的数据保护法更加健全和可靠，为个人数据的保护提供了更强有力的法律保障。譬如德国的《反限制竞争法》（GWB）在 2017 年修订后就对企业运用数据进行了更加详细的规定：企业应当遵守开放标准的原则，确保数据的互操作性和可访问性，确保数据的合法性和透明性，并采取适当的安全措施来保护个人数据的安全和隐私，等等。[1]

（三）德国修订《反限制竞争法》防止数据垄断

2021 年，德国再次修订《反限制竞争法》，明确一家公司在拥有市场支配地位的情况下，不得以收费形式向其他公司提供商品或商业服务[2]，尤其是与数据主体保护相关的方面，该公司不得向其他公司提供授予数据访问、网络或其他必需设施的权限。这样的拒绝行为必须是在客观上合理且必要的，才能在上游或下游市场开展业务。经过修订，《反限制竞争法》第 19 条第 2 款第 4 项的适用范围得到了扩大，进一步扩展了"必需设施原则"，以改善其他公司在面对拥有数据垄断地位的企业时的数据访问难题。现行的法律框架认为数据本身可被视为一种"必需设施"，如果一家占据市场支配地位的公司拒绝授予其他公司数据访问权限，在一定情况

---

[1] 参见德国《反限制竞争法》第 19a 条第 4 款第 a、b 项。
[2] 参见德国《反限制竞争法》第 19 条第 2 款第 4 项。

下，这种行为可能会被视为滥用市场力量的行为，并受到《德国反限制竞争法》的严格限制与约束。① 立法者的目标是确保公平竞争的环境，并防止市场因滥用支配地位而受到损害[2]。

与德国《反限制竞争法》密切相关的 Facebook 公司 2019 年的案例，更加印证了德国在国内法律中对欧盟个人数据保护法律法规的细化和落实。2016 年 3 月，德国联邦卡特尔局（Bundeskartellamt）对 Facebook 展开调查，以评估其在数据收集和整合过程中是否滥用了市场支配地位。经过为期三年的调查，2019 年 2 月 6 日，联邦卡特尔局认定 Facebook 在个人用户数据的收集、整合和使用等方面滥用了市场支配地位，属于剥夺性滥用行为（Exploitative Abuses）。具体而言，Facebook 在未经有效同意的情况下，将用户个人数据从其自有平台（包括 Facebook、WhatsApp、Oculus、Masquerade 和 Instagram）及其他第三方网站和软件中进行收集，并整合到用户的 Facebook 账号中，构成了对市场支配地位的滥用行为。由该案判决可知，德国《反限制竞争法》的适用范围已从线下延伸至线上，使得大型网络平台侵犯个人数据主体权利的行为可通过反限制竞争进行规制[3]。

四、我国个人数据保护的现状与挑战

在我国，对于个人信息（数据）保护最重要的三部法律，是《中华人民共和国网络安全法》《中华人民共和国个人信息保护法》和《中华人民共和国数据安全法》。2017 年 6 月《网络安全法》正式生效，旨在确保网络安全和维护国家的网络主权。该法律要求网络运营者采取必要的技术措施保护网络安全，防止网络攻击、恶意程序等威胁。此外，该法律还要求关键信息基础设施的运营者进行网络安全评估，并且设立个人信息保护制度，保护用户的个人信息安全。《个人信息保护法》于 2021 年 11 月出台生效，是我国首部专门针对个人信息保护的法律，为个人信息保护提供了更加完善的法律保障。该法明确了个人信息处理者在收集和处理个人信息前，须获取个人信息明示同意，并事先向个人公开信息处理规则并履行告知义务。此外，该法律还规定了违反个人信息保护要求的处罚措施，提出了个人信息保护的最小化原则和目的限制原则。同时，个人信息处理者需要采取合理的安全措施，保护个人信息的安全性，并且不能未经授权将个人信息转移至境外。2021 年 9 月，我国正式通过并施行《数据安全法》，加大了对数据处理违法行为的处罚力

---

① 参见德国《反限制竞争法》第 19 条第 2 款第 4 项。

度,并建立了重要数据管理、行业自律和数据交易等制度。同时,该法完善了国家数据安全工作的体制机制,明确了中央国家安全领导机构的职责,并提出了建立数据安全工作协调机制。

但是,以上法律的出台仅仅只是我国对个人信息、数据保护的起步,是我国完善数据保护的开端。目前我国个人数据保护仍旧不够完善,数据安全问题也仍旧是国家安全问题的重中之重。

(一)我国数据安全面临多重挑战,个人数据保护落实难度大

在数字化时代,中国的互联网得到了更加高速的发展,数据的产生与流动呈现出指数型增长的趋势。在过去十年间,得益于信息技术的迅速发展和数字化转型的推进,我国的数据产生量经历了爆炸式增长。根据中国国家互联网信息办公室发布的《数字中国发展报告(2022年)》,2022年我国数据产量达8.1 ZB,同比增长22.7%,全球占比达10.5%,位居世界第二。截至2022年年底,我国数据存储量达724.5 EB,同比增长21.1%,全球占比达14.4%。[4] 同时,我国的互联网用户数量从2012年的5.39亿增长到2021年6月的10.11亿,移动互联网用户数量也增长到12.24亿。[5] 物联网设备的普及以及社交媒体和电子商务的繁荣也为数据的持续增加提供了动力。这一数据趋势为数据存储、处理、安全保护和隐私管理提出了巨大挑战,同时也带来了人工智能、大数据分析和跨行业创新等广阔机遇。但是埋藏在机遇下的是数据安全的挑战。

目前,我国用户个人信息泄露情况仍较多,信息泄露途径和表现形式多样,企业中的数据泄露也层出不穷。譬如,我国消费者协会发布的《2018年App个人信息泄露情况调查报告》显示,在使用App过程中,遇到过个人信息泄露情况的受访者占比达85.2%[6]。2021年6月,滴滴出行遭遇了一起严重的用户数据泄露事件。据报道,该泄露事件涉及超过2.6亿位于我国境内的滴滴用户。攻击者利用滴滴内部的安全漏洞,获取了用户的个人信息,包括姓名、手机号码、身份证号码等,还有部分用户的驾驶证照片和车辆证件信息也遭到了泄露。滴滴用户数据泄露事件引起了消费者的广泛关注和担忧,进一步凸显了数据安全和个人数据隐私保护的重要性。该事件促使我国政府采取行动,加强对互联网平台的监管,推动我国对个人信息保护的立法[7]。

在全球数字经济蓬勃发展的背景下,数据跨境流动规模巨大,而数据在自由流动的同时也伴随着各种形式和程度的安全风险。数据在存储、传输和应用过程中,若处理不当,很可能引发重要数据泄露、被滥用等安全问题。数据作为国家重要的战略资源,若无限制地流出,将不利于我国数字产业的发展。此外,近年来,由于数据跨境流动监管不到位，我国每年发生数以万计的境外电信诈骗、网络诈骗等案件。犯罪分子利用跨境数据流动的便利性和监管漏洞，窃取个人敏感信息并滥用，给社会造成了严重的经济损失，对国家的社会秩序和安全构成了严重威胁。由于跨国案件具有复杂性，执法机关在追查和取证过程中面临诸多困难与挑战，增加了执法成本。因此，确保跨境数据流动的安全至关重要，需要采取更加有效的措施来加强对数据流动的监管和保护，维护国家数据主权与数据安全[8]。

(二) 我国数据安全治理能力偏弱，数据保护法律体系亟待完善

我国虽然已出台与个人数据保护法相关的法律，但其应用还是不够成熟，部分法律法规仍未落到实处。在个人、政府和社会数据的收集、使用与管理方面，我国还有待建立更完善和成熟的机制。根据中国裁判文书网的搜索结果，截至2022年6月，与数据安全和数据保护相关的案件裁定书仅有708份。该数据表明目前我国用户对于个人信息使用情况了解有限，对维护自身数据主权缺乏意识，导致在个人权益受到侵害时常处于被动地位。同时，数据处理者普遍将数据视为一种工具，而没有意识到拥有数据同时需要承担责任的事实。因此，需要加强个人信息保护意识，推动建立更健全的数据管理和保护机制[9]。

尽管我国相关政府部门和最高法院已经出台了一系列配套措施和指导意见以落实法律规定，但部分规则仍然较为宽泛且可行性较低，仍需要进行细化和完善。此外，在个人信息保护的理论构建方面，我国仍需要进行更深入和系统的研究，以完备个人信息保护的监管机制和个人信息侵权行为的法律救济途径[10]。同时，数据安全事件频发也反映出目前大多数行业和企业对用户个人数据和产生的数据重视程度不够，投入的人力、物力、财力资源不足，缺少专门的数据安全监管机构，没有针对自身情况制定合适的数据管理制度、申诉制度、数据保护官制度。而这些相应的数据治理配套机构、设施、人员和意识的缺乏不仅使得《个人信息保护法》的落实难度变大，还令数据主体在个人数据受到侵害的时候难以找到申诉路径，甚至难以界定自身数据安全是否被侵害。

五、德国个人数据保护法对中国的启发

(一) 明确个人数据保护负责人职责

在20世纪70年代，德国通过了《联邦数据保护法》，成为世界上首个设立数据保护官（Data Protection Officer，DPO）制度的国家。根据欧盟的《通用数据保

护条例》，欧盟境内的公共机构以及处理大量个人数据的私营组织都必须任命一名DPO，以确保其数据处理活动符合GDPR的规定。DPO的主要职责包括监督组织内部的数据保护政策执行情况，提供数据保护培训，并在组织与政府监管机构及数据主体之间充当沟通的桥梁（如表1）。德国法律赋予DPO独立履职权、直接报告权和资源保障权，以确保其在履行职责时的独立性和有效性。这些权利使DPO能够直接向企业的最高管理层报告数据保护的违法行为，而不必担心因此受到解雇或其他形式的处罚。同时，资源保障权确保DPO能够获得必要的支持，包括人员、财务和技术资源，以有效履行其监管和咨询职责[11]。虽然DPO由组织内部自行任命产生，但仍需向包括德国州政府或联邦议会在内的相关机构提供关于数据保护情况的报告。这有助于确保国家相关部门了解并采取相应的措施来保护个人数据。因此，DPO得以通过客观和中立的方式履行职责，有助于其督促数据处理者落实个人数据保护原则，帮助建立公众对数据处理者的信任。

表1 德国数据保护官的职责、特点、说明、遵循的法案及法定地位与权力

德国数据保护官职责	特点	适用于德国的说明	遵循的法案	法定的地位以及权力
监督合规性	确保组织遵守数据保护法律、政策和程序	特别关注BDSG和GDPR的合规性	《联邦数据保护法》(2018)以及《通用数据保护条例》(2018)	1. DPO享有独立履职权，即其可以独立地行使职责，而不受任何不必要的影响。此外，他们还受到法律保护，免于因履职而遭受处罚乃至解雇。这种保护确保了DPO的独立地位，无论他们是否受聘于数据控制者或数据处理者。2. DPO享有直接报告权，他们有权直接向最高管理层报告相关情况。3. 企业应该为DPO提供必要的资源保障，包括财政和访问权等，以确保他们能够顺利地履行职责。同时，企业还应合理确定并公开DPO的联系方式，以便相关方能够随时与他们取得联系。
政策制定与执行	参与创建和更新数据保护政策与流程	需符合德国特有的数据处理规定和GDPR的要求		
培训与意识提升	组织员工开展和参与关于数据保护的培训和意识提升活动	强化员工对数据保护的意识，尤其是在处理敏感数据时		
咨询服务	作为数据保护方面的专家，为组织提供咨询	通常提供有关国内外数据传输的专业咨询		
监控和评估风险	定期评估数据处理活动的风险，并提出改进建议	重点关注数据处理中可能违反BDSG和GDPR的风险		
记录和报告	记录数据处理活动并在必要时向监管机构报告违规行为	德国DPO需要遵循GDPR和BDSG的记录和报告要求		
协调和与监管机构沟通	作为组织和监管机构之间的联络人	通常与联邦数据保护局或地方数据保护机构协调沟通		

相比之下，现阶段，我国在数据保护的相关职责设立上主要有两种，一种是《信息安全技术 个人信息安全规范》（GB/T 35273—2020）第 5.1 条中的"个人信息保护负责人"，另一种则是《网络安全法》（2017）第 21 条中的"网络安全负责人"。尽管这两类负责人均承担保护个人信息安全的职责，但由于法律尚未对其地位和职责进行详尽规定，他们的职责定位依然存在模糊之处。对数据保护负责人制度的完善，不仅能有效促进《个人信息保护法》的落实，还能与之形成互补。在法治化、职责划分以及权利与义务的明确界定方面，我国完全可以学习、借鉴德国数据保护官的制度经验。[12]

（二）设立独立的个人数据保护监管机构

尽管在《网络安全法》《个人信息保护法》以及《数据安全法》出台后，我国成立了相关机构和部门，负责监管和推进数据保护工作，但个人数据保护的监管分工有交叉重叠，存在多头监管等问题。譬如，国家互联网信息办公室（简称"网信办"）在互联网领域拥有部分的监管职责，其主要负责协调相关部门和行业制定数据安全与个人信息保护的标准和规范，并发布、实施重要的数据保护政策和法规，推动数据保护工作的落实。此外，司法机关、公安机关以及其他行政部门和机构也在各自的职责范围内积极参与数据保护工作，如公安部门负责打击和处置网络犯罪活动，保护个人信息安全。2023 年 10 月，国家数据局正式挂牌成立，然而其更注重统筹数据资源整合共享和开发利用，对于个人数据保护的监管范围尚未明确。其是否能像如今的市场监督管理局一般，监督和规范"数据市场"的正常运作，还有待考究。由于该数据管理局机制于 2024 年 2 月才刚设立到市级层面，尚未见有独立性和中立性，其投诉处理、数据公开、数据保护监管等机制的具体运行效果还有待考察[13]。

目前，德国拥有中央层面的数据保护监督机构：联邦数据保护和信息自由托管局（Bundesbeauftragte für den Datenschutz und die Informationsfreiheit，BfDI）。其负责监督和执行联邦范围内的数据保护事务。又因数据保护在德国联邦政府和各州政府之间具有共同责任，德国的 16 个州分别颁布了适应州内情况的数据保护法，并设立了各自的州立数据保护机构（Landesbeauftragte für Datenschutz，LDI），如巴伐利亚州的数据保护监管机构（Bayerisches Landesamt für Datenschutzaufsicht）[14]。这些数据保护机构都统称为 Data Protection Authorities（DPA），其中，每个州立 DPA 都在自己州的范围内行使管辖权，并与 BfDI 保持密切合作[15]。与 DPO 不同的是，DPA 是政府设立的独立机构，负责监督和执行数据保护法律，处理投诉、调查违规行为，并执行制裁措施。简而言之，DPA 是企业外部的政府监管机构，而 DPO 是企业内部的合规监管人员。

德国的数据保护机构体系具有以下优点：分权和地方自治、紧密合作与协调、地方适应性和了解本地情况、专业性与权威性，以及监督与救济渠道。这种系统通过将数据保护责任下放到各个州政府，并设立具有地方特色的数据保护机构，实现了合理的分权和地方自治，更好地满足了本地需求。同时，机构之间紧密合作和协调，通过联邦机构进行统一管理，确保了数据保护工作的一致性和专业性。此外，机构在地理上接近数据控制者和处理者，能更好地了解本地情况并提供有针对性的指导和监管。值得一提的是，监督与救济渠道能为个人和组织提供有效的投诉和举报途径，保护数据权益，促进合规性[16]。

中国的数据保护工作处于快速发展阶段，数据管理局的设置刚刚起步，还有待进一步探索和完善。我国可借鉴学习德国数据保护机构的运作经验，加强机构间的合作与协调，在数据保护工作中建立更紧密的机构合作和协调机制，促进信息共享和最佳实践成果的传播。同时，应该建立一套统一的标准和指导策略，确保数据保护工作的一致性和专业性。还应该建立有效的监督与救济机制，使公众能够投诉和举报数据保护违规行为，维护自身数据权益，提高数据处理活动的合规性和透明度。

六、结语

在数字化全球竞争时代，保护个人数据并释放个人手中数据的价值，对于国家的发展具有重要意义。现阶段，我国的个人数据保护法律体系尚处于发展阶段，数据安全治理能力仍偏弱。《个人信息保护法》的出台虽填补了法律空白，但具体实施和执行细则仍有待细化和完善。德国个人数据保护法律法规有着丰富的立法和司法实践，其推进国内外合作与协调、细化法律规定、统一执法监管等做法，将为中国完善个人数据保护体制机制提供宝贵的经验借鉴。

参考文献

［1］阮爽.《欧盟个人数据保护通用条例》及其在德国的调适评析［J］.德国研究，2018(3)：88-103.

［2］JonesDay. Germany Adopts New Competition Rules for Tech Platforms［R/OL］.［2024-02-27］. https://www.jonesday.com/en/insights/2021/01/germany-adopts-new-competition-rules.

［3］ Bundeskartellamt. Facebook, Exploitative business terms pursuant to Section 19（1）GWB for inadequate data processing［R/OL］. Germany：Bundeskartellamt，2019.［2024-02-27］. https://www.bundeskartellamt.de/SharedDocs/Entscheidung/EN/Fallberichte/Missbrauchsaufsicht/2019/B6-22-16.html.

［4］ 国家互联网信息办公室.（2023）. 数字中国发展报告（2022年）［R/OL］.（2023-05-23）［2024-02-27］. http://www.cac.gov.cn/2023-05/22/c_1686402318492248.htm?eqid=e964285800089bd400000004646d59f6.

［5］ 中国互联网络信息中心（CNNIC）. 第48次"中国互联网络发展状况统计报告"［EB/OL］. 武汉互联网信息办公室，（2021-08-30）. http://www.whwx.gov.cn/xxh/hyfzyw/202108/t20210830_1768570.shtml.

［6］ 经济日报. 中消协调查：85.2%受访者曾遭遇APP个人信息泄露［EB/OL］. 新华社客户端，（2018-11-20）. http://paper.ce.cn/jjrb/html/2018-11/20/content_377430.htm.

［7］ 南方新闻网. 滴滴被处80.26亿元罚款！［EB/OL］.［2024-02-15］. https://baijiahao.baidu.com/s?id=1739053327262617521&wfr=spider&for=pc.

［8］ 高志华. 浅析数据安全与《数据安全法》［J］. 数字通信世界，2022（1）：185-187.

［9］ 吕明元，弓亚男. 我国数据安全治理发展趋势、问题与国外数据安全治理经验借鉴［J］. 科技管理研究，2023，43（2）：21-27.

［10］ 朱莉欣，祁楚云. 个人信息保护法律制度十年回顾［J］. 中国信息安全，2023（2）：71-75.

［11］ 孙瑞英，李杰茹. 我国个人信息保护工作的推进现状研究——基于《中华人民共和国个人信息保护法（二审稿草案）》的文本解读［J］. 情报科学，2021，39（11）：157-166.

［12］ 相丽玲，王秀清. 中外数据保护官制度分析及启示［J］. 情报杂志，2021，40（6）：137-142.

［13］ 范玉吉，张潇. 数据安全治理的模式变迁、选择与进路［J］. 电子政务，2022（4）：114-124.

［14］ BfDI（Germany）. GDPRhub［EB/OL］.［2024-02-20］. https://gdprhub.eu/index.php?title=BfDI_(Germany).

［15］ 焦娜. 欧盟国家数据保护机构的运行机制研究［J］. 情报杂志，2022，41（5）：154-161.

［16］ Paul Jordan. Political and legal framework of German DPAs：The question of centralization［EB/OL］.［2024-02-26］. https://iapp.org/news/a/political-and-legal-framework-of-german-dpas-the-question-of-centralization.

基金项目：本文系广东省哲学社会科学规划学科共建项目"推进数字贸易领域制度性开放和规则衔接研究——以广东为例"（GD23XFX29）的阶段性成果。

主题三

德国教育、技术人才与人文

职业技能与职业精神融合培养：德国经验与启示

唐 玲 深圳技术大学马克思主义学院（人文社科学院）

内容概要：职业技能与职业精神融合培养对应用型技术人才的培养具有重要的意义，不仅能够提升学生的综合素质，还能够使其更好地适应和应对职业发展的挑战。本文分析了德国在职业技能和职业精神融合培养方面的制度、改革、分流、实践课程占比、不同阶段融合特点和师资培养等六个方面的经验。并从德国的经验中总结出了制度优化、法律保障、机制优化、课程改革、教学改革、教育质量监测体系建设和师资建设等七个方面，提出了推动我国应用型高校促进学生职业技能和职业精神融合培养的建议和方案。提升职业技能与职业精神的融合培养，能够体现人在教育中的主体性，从个体的实际需要以及人生幸福出发，关注人一生的发展。

关键词：职业技能；职业精神；融合培养；德国经验

《国家教育事业发展"十三五"规划》等文件将"职业技能与职业精神高度融合"视为国家教育改革与发展的重点工作。职业技能与职业精神融合培养能够提升高级技术人才教育和人才培养的全面性、增强应用型技术大学人才培养的适应性。同时，它也构成了技术技能人才职业素质的重要组成部分。通过实施融合职业技能与职业精神的培养，能够在真实的职业环境中训练职业技能，并使之更加完备、达到更高水平。这种方法对于满足技术技能人才个人全面、可持续发展的需求，以及适应新时代国家经济社会发展对技术技能人才素质的要求，都具有重要意义。

习近平总书记强调："各级党委和政府要高度重视技能人才工作，大力弘扬劳模精神、劳动精神、工匠精神，激励更多劳动者特别是青年一代走技能成才、技能报国之路，培养更多高技能人才和大国工匠，为全面建设社会主义现代化国家提供有力人才保障。"由此可见，习近平总书记高度重视工匠精神、劳动精神等职业精神对技术人才成长、成才的重要意义。

党的二十大明确强调了"中国式现代化"和"高质量发展"。中国式现代化的一个基本特征是人口规模巨大，从人才上看我国拥有庞大的工程师队伍和巨大的人才发展潜力。"高质量发展"更离不开有知识、有操守、有情怀和有道德的技术人才的培养，党的二十大报告中特别强调："加快建设国家战略人才力量，努力培养造就更多大师、战略科学家、一流科技领军人才和创新团队、青年科技人才、卓越工程师、大国工匠、高技能人才。"德国的高等应用型技术教育具有高水平、高质量的特点，它在高级技术人才培养方面的经验和教训能够为我国的应用技术型人才培养提供很多启示。

一、职业技能和职业精神融合培养

根据杨金栓等人的观点，职业技能指的是在特定职业领域必备的专业知识、技术和能力，涵盖了基础理论以及实际操作的技能。职业院校通过课程学习和实践活动来培养学生的职业能力。而职业精神则是指在工作过程中，岗位人才所展现出来的工作态度和情感，主要建立在对职业的认知基础上，逐渐形成对于理想、责任、纪律以及信誉的追求[1]。

何应林认为，职业技能与职业精神的融合培养指的是：在紧密结合理论与实践、提供丰富实践机会的人才培养模式中，学习者通过大量反复的实践训练，更好地掌握了职业技能。同时，在企业强调注重细节与质量、追求卓越、不断创新的氛围中，他们潜移默化地形成了忠诚敬业、严谨守序、不断创新的良好职业精神[2]。

陆君认为，新时代职业精神，即工匠精神的内涵可概括为执着专注的信念、精益求精的素养、一丝不苟的态度以及追求卓越的精神[3]。技术人才的职业精神的培育是国家智造强国建设的内在要求，有利于增强年轻一代的自我认知、提升思政教育的实效性。李国娟指出职业精神中的工匠精神是一种对自由自觉创造性劳动的价值追求，是超越异化劳动的劳动解放，具有创造性、促进劳动多样性、超功利性和利他性的特点[4]。工匠精神对异化劳动的扬弃体现在其对劳动者与劳动产品异化的克服，对劳动者与劳动过程异化的克服，对劳动者与其类本质异化的克服，对人与人关系异化的克服。

本书结合前人研究，融合时代精神，重新定义了职业技能和职业精神。职业技能，即：专业知识、专业技术、专业能力和学习能力，四位一体。职业精神，是劳动精神和工匠精神的统一，具体指的是：敬业精神、创新精神、协作精神、科学精神、诚信精神、研究精神、求精精神和奉献精神八种精神的统一。

二、德国在职业技能和职业精神融合方面的经验

德国的职业技能教育和应用技术教育拥有非常成熟的模式，主要基于双元制度（学徒制度），毕业生可以获得在劳动力市场上备受重视的高质量职业资格。学徒制度能够实现教育到工作的平稳过渡，降低青年失业率：2019 年，德国 15 至 24 岁青年的失业率为 5.8%，而欧盟 27 国平均为 15.1%。约有 50% 的普通中学学生参加职业教育项目，其中 70% 参与学徒制度。而其中的关键则是重视职业技能和职业素养的融合[5]。

（一）州政府、校、企、工会多方合作促进职业技能和职业精神的融合

国家制定职业技能培训标准和培训规定（企业内和学校内组成部分的课程）确保了双元培训项目的质量。公司根据培训规定提供学徒制度，这些规定是由联邦和州政府、企业和工会四方联合制定的。这些规定允许灵活性，使得企业可以与学徒达成公司培训计划。定期对培训规定进行修订，确保与快速变化的技术和组织保持同步。

社会合作伙伴在不同层面上的贡献至关重要。由于职业培训必须满足劳动力市场的需求，雇主组织和工会对初等职业教育和继续职业教育的内容和形式具有重大影响。在国家层面，他们在联邦职业教育署设立的委员会中有代表并参与其职业培训委员会。在地区层面，工会在职业教育中扮演着重要角色，例如在考试中。更新或制定新的职业资格档案的倡议主要来自社会合作伙伴，政府、学校和工会多方合作促进职业技能和职业精神的融合[6]。

政府将职业教育视为德国经济发展的支柱，企业将职业教育视为产品质量的保障，认为职业教育是维持其生存与竞争的手段，因此他们愿意为学生提供"双元制"培训岗位。普通民众将职业教育视为自身生存最重要的基石，同时也认为它是个性发展、实现自身价值和获得社会认可的重要前提。在孩子完成中学教育后，他们自然而然地帮助寻找"双元制"培训岗位。此外，宗教伦理、民族性格、企业文化和工程师文化等文化要素在德国社会中发挥着作用，促成了对职业教育的广泛认同。在这种社会氛围的帮助下，许多德国民众成为了不仅具备高水平专业技术、专业知识和专业能力，而且还具备敬业精神、创新精神、协作精神、科学精神、诚信精神等职业精神的技术技能人才[2]。

（二）教育改革与时俱进：职业技能与职业精神并举，增强应用技术人才竞争力

一是，通过新的学位称谓，如"专业学士"和"专业硕士"（2020 年修订的职

业培训法案），以及修订主要资助高级职业资格，促进职业教育路径的吸引力，并强调其与学术教育的等同性；二是，通过资助计划，推动职业教育的卓越性，支持不同培养单位之间的高质量合作，其中合作重点之一为人工智能领域的新发展，并积极倡导将其应用于企业实践；三是，技能教育数字化：《职业教育4.0倡议》强调熟练的专业技术人员应提升数字化技能，因此数字化转型在企业职业培训中也起到至关重要的作用。2019年出台的《资格机会法案》规定企业需为员工提供继续职业教育资助（包括工资补偿），特别是那些进入紧缺型职业的技术人员要重点资助。《国家技能战略》（德）提出为了应对工作世界日益数字化的挑战，将"终身学习"作为一种新的职业精神和职业文化[6]。

（三）职业分流早，职业技能和职业精神从小培养

二战后至今，德国的普职分流从小学四年级开始，职业指导和启蒙便由此开始进入学校教育，帮助学生初步建立未来职业目标。德国小学生毕业年龄10岁左右，他们会被分流到四种不同类型的学校继续学习，分别是文理中学（Gymnasium）/职业预校（Hauptschule）/实科中学（Realschule）/综合学校（Gesamtschule），德国职业教育体系见图1。

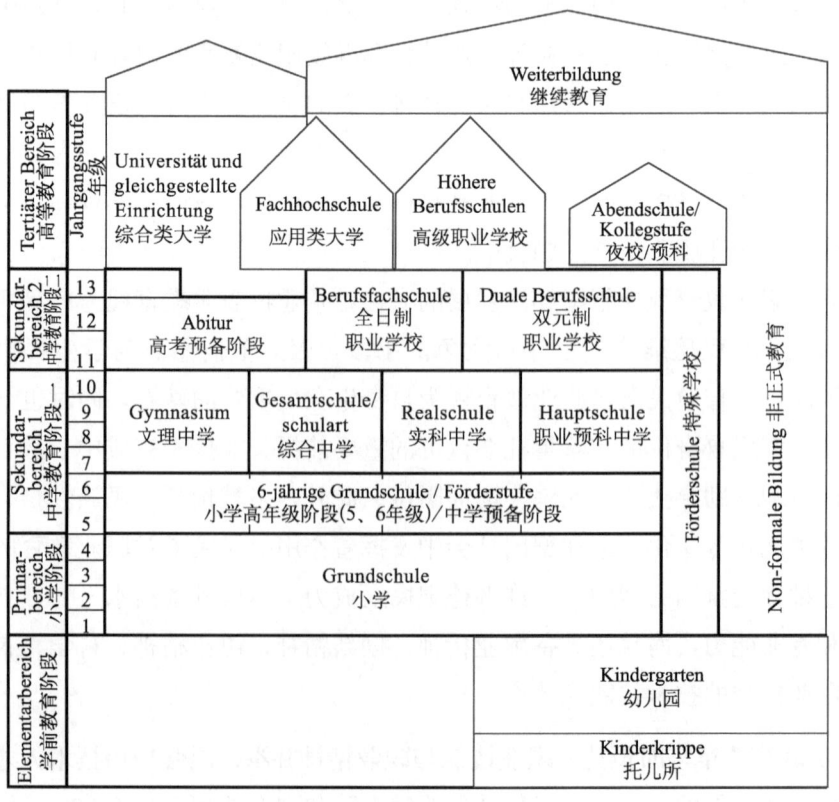

图1　德国教育体系图[6]

①职业预科中学：学制5年，学生毕业后进入职业学校接受职业培训（周谊，1997）[10]。②实科中学：学制6年，两种选择，毕业后可以主动选择进入职业学校，成绩好的还可以选文理中学。③文理中学：学制8年，5年后有一次考试，合格的继续读文理中学，不合格的被动转入其他三类以职业教育为主的学校。德国的这种分流，除了注重职业技术的训练，同时也关注学生的职业精神和职业素养。④综合中学：学制8年，5年后通过毕业考试后可直接进入就业市场。也可以继续留校学习，第6年可进入实科中学，或者在第8年毕业后再进入就业市场。以上四种中学毕业的学生都可以通过参加德国高考（Abitur）进入综合性大学或者应用科学大学学习。各中学之间可以通过学分互认或者考试的方式相互连通，学生可以在理论知识和职业技能学习的过程中做出适合自己的调整。

（四）在实践中促进职业技能与职业精神的融合

在德国的"双元制"职业教育中，学生的学习包括专业知识的学习和实践操作的培训。"双元制"职业教育学制为2～3.5年，教学分别在企业和职业学校里交替进行，约70%时间在企业，30%时间在学校。专业知识的学习在职业院校进行，而专业技能的培训则在企业进行。学生有两种身份，在企业和学校的时间比例为3∶2至4∶1[8]，学生每周在学校学习1至1.5天，在剩余的时间里在企业接受培训。每个月集中一周或每个学期集中几个月在职业院校学习，其余时间在企业进行培训。

在"双元制"职业教育中，课程和教学体系的构建是以企业生产实践所需的岗位技能为中心的，实践课程占据总课程的50%以上[9]。正是在这种理论与实践紧密结合、实践机会丰富的人才培养模式中，学生通过大量、反复的实践训练更好地掌握了职业技能。同时，在企业注重细节与质量、精益求精、不断创新的氛围中，他们潜移默化地形成了忠诚敬业、严谨守序、不断创新的良好职业精神[10]。

（五）重视职业技能和职业素养分阶段融合

在整个职业教育过程中也以实际操作能力培养为重点。在职业教育协会的监督与帮助下，学生在学习期间不需要交学费且每日可以得到企业提供的生活津贴以及法定的社会保险。"双元制"教育重视职业技能和职业精神的融合培养，同时为学生提供基本的经济保障，这也是德国职业教育在国民之中拥有强大吸引力的重要原因。图2是德国职业教育中学生参与职业实训的流程图。

从流程图可以看出，德国职业教育分为多个阶段，每个阶段的目标不同，总体是一个由浅入深的过程。其特色在流程图的两端：一个是职业教育准备阶段或称职

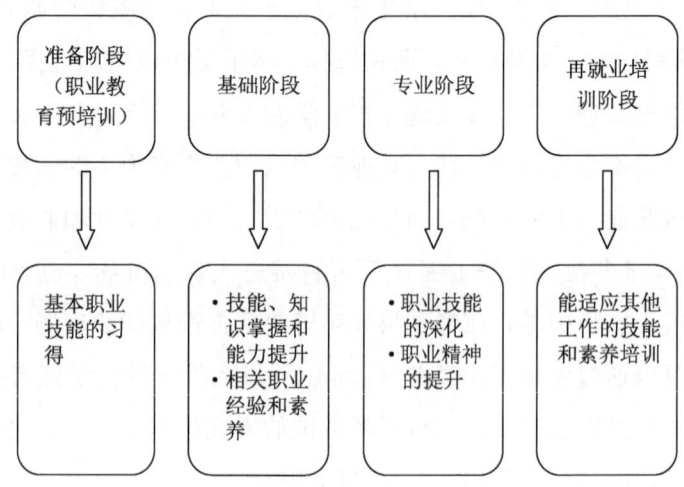

图 2　德国职业技术教育与实训流程图[6]

业教育预培训阶段,这一阶段是为没有进行过职业教育的学生提供职业所需的基础知识,以便后续职业技能的习得。另一个是再培训阶段,它有两层含义。一是在校学生已经熟练掌握了某一职业的知识、技能和能力,他可以选择新的职业课程继续学习,德国职业学校鼓励学生掌握多种职业技能,学生掌握的职业技能越多,其竞争力就越强,这也为学生适应多种工作做好了准备。二是为想转业或换岗的在岗人员提供相应职业培训,使其能适应新工作的要求。但无论是增修课程还是换岗培训,都要通过学校和教育部门的严格考核,合格者才能入岗就业。德国职业教育的这些特征表明其从个体的实际需要以及人生幸福出发,关注人一生的发展[6]。

(六) 应用科学大学师资队伍选拔和培养注重职业技能和职业精神

德国应用科学大学的教师队伍由教授、讲师、科研人员、教辅教师和管理教师构成,他们具备丰富的学术背景和多年的实践经验,涵盖广泛的生产实践和市场前沿经验,是确保德国应用科学大学教学和科研一直保持鲜明"应用性"特色的重要保障。因此,德国应用科学大学师资队伍具备职业技能(专业知识、专业技能、专业能力、教学技能、学习能力)和职业精神(创新精神、科学精神、研究精神、求精精神等)。德国应用科学大学在教师选拔标准的确定和选任效果方面,受益于法律法规、学术评审,以及德国联邦科学委员会提供的优化决策。教师的发展启动促进计划和继续教育课程,以及项目融合课程和第三方机构的介入,直接或间接促进了德国应用科学大学教师的教学和科研能力的提升[11]。

德国职业教育的最大特色体现在课堂学习和工作实践紧密结合的"双元制"。

在学校是学生，在企业是学徒工，而且是带薪实习。这样的教育模式极大地降低了学生的就业门槛，而且同样受到法律保护和社会尊重。

三、德国经验给我们的启示

（一）优化制度设计：为职业技能和职业精神融合培养提供制度保障

笔者建议国家着力完善校企联合培养制度设计，确保试点院校在人才职业技能和职业精神融合培养实践中有规可依、有章可循。我们可以积极学习借鉴德国的成功经验，并在制度设计上进行优化，特别是在校企联合培养制度方面。这一举措旨在确保试点院校在人才职业技能和职业精神融合培养实践中有明确的规范和指导，使教育实践更有章可循、更具体有力。

首先，要明确校企联合培养在职业教育中的重要性。通过借鉴德国的"双元制"教育模式，我们可以努力建立更为紧密、高效的校企合作关系，以确保学生能够在校园学习与企业实践相结合的环境中获得充分的教育培训。适当增加应用科学大学学生的企业实践时长，并在此过程中通过制度优化保障学生在实习期间的待遇和保障。

其次，国家应制定明确的指导方针和规范措施，为校企联合培养提供清晰的指引。这些规范将涵盖课程设置、实践环节安排、师资培训等方面，确保教育实践的每一个环节都有明确的标准和要求，从而提高教育质量和培养效果。

此外，我们还应加强对试点院校和参与企业的支持和指导，为其提供更多的政策和资源支持。通过加大投入和资源支持，鼓励学校与企业共同合作，我们可以提升教育教学水平，培养更多具备职业技能和职业精神的优秀人才。

最后，国家应建立有效的评估和监测机制，对校企联合培养进行全面的评估和监管。这将有助于及时发现问题、及时调整措施，确保制度设计的有效实施，并为今后的改进提供可靠的依据。

（二）法律保障：鼓励多方参与应用技术人才职业技能和职业精神的融合培养

通过借鉴德国多方合作联合培养技能人才在法律和政策上的经验，我们国家也可以从法律、政策等层面加强引导，鼓励多元主体平等参与应用科学人才职业技能和职业精神融合培养。我们应鼓励企业、协会深入参与应用科学人才培养全过程，尤其要强化企业专家深度参与到院校人才培养目标、人才培养方案制定及教学实施过程。国家正积极通过法律、政策等多层面手段，引导并鼓励各方多元主体平等参与应用科学人才培养。这一努力旨在促进企业、协会和社会机构等广泛参与，深度参与应用科学人才培养全过程，实现人才培养的多方共赢。

首先，国家可通过相关法律法规的制定和完善，为多元主体参与提供明确的法律保障和指导。这些法规将确保企业、协会和社会机构在人才培养过程中有明确的参与权限和责任，为其提供法律支持和保障。其次，国家可通过政策激励和优惠措施，鼓励企业、协会和社会机构积极参与鼓励多元主体平等参与应用科学人才职业技能和职业精神融合培养。这可能包括提供经济支持、税收优惠、评优表彰等政策措施，以鼓励各方投入更多资源和精力，共同推动应用型技术人才培养。另外，国家将加强沟通和协调，建立更加紧密的合作机制。通过政府部门与企业、协会和社会机构之间的合作协商，促进信息共享、资源整合，有助于实现各方优势互补，共同推动多元主体平等参与应用型技术人才职业技能和职业精神融合培养工作的顺利开展。此外，国家还可以鼓励企业、协会和社会机构加强与应用科学大学的合作，建立校企合作项目，为学生提供更多实践机会和实际应用平台，促进教学和实际工作的无缝衔接。

（三）机制改革：优化校企联合培养机制，科学搭建人才联合培养体系

我国可以积极借鉴德国的职业教育经验，着手进行机制改革，优化校企联合培养机制，并科学构建人才联合培养体系。这一重要举措致力于促进职业技能和职业精神的有机融合，以更好地满足市场需求，培养具备综合能力的高素质人才。

首先，我们可以深化校企联合培养机制，借鉴德国"双元制"模式，建立更为紧密和有序的合作关系，并通过更明确的合作框架和规范，促进学校与企业间资源共享、信息交流，确保学生获得充实的教育培训，使教育更贴近实际职场需求。其次，国家可着手构建人才联合培养体系，注重学校教育与企业实践的有机结合。我们应科学设置人才培养课程，依据市场需求和行业发展趋势，为学生提供更为实用和先进的教育内容。这一体系将充分结合学校和企业的资源优势，培养学生既具备扎实的专业技能，又具备积极的职业态度和创新精神。另外，我们应鼓励校企间在教学计划和实践项目方面进行更深入的合作。通过共同开发实践性课程、实习机会和项目研究，学生将有机会接触真实的工作场景，提升实际操作能力和解决问题的能力，同时培养良好的职业素养。

（四）质量监测体系建设：推进评价方式变革

借鉴德国职业教育的成功经验，我国可建立更为完善的质量监测体系，以推进评价方式的变革，促进职业技能和职业精神的有机融合。这一举措旨在实现对教育质量全面、科学、动态的监测评估，从而更好地适应市场需求，培养具备全面素质的高水平人才。首先，我们可以借鉴德国的监测经验，着重优化评价方式，不再单纯依赖传统的纸笔考试评价。我们可以积极探索多元化的评估手段，包括实践技能考核、项目实践评估、案例分析、工作场景模拟等，以全面评估学生的实际能力和应用能力。其次，我们应推进质量监测体系的变革，强调对职业技能和职业精神的联合培养评价，并通过建立更为科学合理的评价指标体系，充分考量学生的专业技能水平和职业素养。这有助于确保评价体系能够全面覆盖技能培养和职业道德品质，并将其纳入评价体系的考核范畴。再次，我们可以鼓励引入行业认证和实践成果评估机制。这将促使学生在学习过程中更多地参与实际工作项目和实践案例，提升实际操作能力和问题解决能力。通过行业认证的评估，学生所学所能能够更直接地与行业标准相适应，增强其就业竞争力。最后，我们将注重评价结果的动态监测和反馈。定期对教育教学质量进行评估，及时调整教学内容和方式，以确保质量监测体系的持续优化和改进。

（五）课程改革：建设终身制课程体系，关注人一生的发展

随着社会的不断变化和进步，传统的课程体系已经无法满足现代职业需求，职业技能和职业精神的融合正在成为社会迫切需要的发展方向。为此，建立一套终身制课程体系，关注个体一生的全面发展，成为一项当务之急。另外，职业技能不再局限于纯粹的知识技能，它更应该包括解决问题的能力、创造性思维、沟通技巧以及适应不断变化的工作环境所需的灵活性。同时，职业精神不仅仅是工作态度和情感的表现，更是对理想、责任和自我成长的不懈追求。

为实现职业技能和职业精神的融合，必须对现有的课程进行深刻的改革。传统的教育模式已不再适应当下迅速变化的职场环境和新兴行业的需求。我们需要打破课程设置的局限，构建更灵活、更贴近现实的学习体验。首先，终身制课程体系需要强调技能培养与个人成长的同时性。这意味着学习者在掌握专业技能的同时，也应该注重个人潜能的发掘和提升，以应对职业生涯中可能出现的各种挑战。其次，课程体系需要更加关注学生在不同阶段的需求。从早期教育到职业成熟期，每个阶段都应该有针对性地提供课程和培训，让学生在不同阶段都能够获取适用的技能和精神支持。另外，课程改革也需要强调跨学科的整合和实践性的培养。这意味着课程设置需要跨越学科界限，注重各个领域之间的交叉融合，同时提供更多实践机会，让学生能够在真实的工作场景中应用所学知识和技能。

最重要的是，课程体系需要不断更新和调整，以适应不断变化的职业环境和社会需求。学习者需要接触最新的科技、工具和工作方法，以保持竞争力并做好适应未来挑战的准备。随着科技的不断发展，我们还要注重职业教育与现代技术的结合，并将先进的技术手段融入职业技能培养中，例如人工智能、大数据、云计算等，以满足未来职业发展的要求，提高学生的竞争力。此外，课程体系的建设也需强调跨学科融合。不同领域之间的知识交叉和综合应用将成为未来职场的趋势，因此培养具备多元技能的人才将更加受到欢迎。这意味着我们需要打破学科壁垒，让学生在学习过程中能够接触到多个领域的知识和技能。

（六）教学改革：将职业精神的培养融入思政课程和专业课程

推进职业精神培育与应用科学大学思政课教学融合研究是一个富有前景的项目，旨在结合思想政治理论课程与应用型技术教育，培养学生的工匠精神、家国情怀、劳动精神和社会责任感。以下是可能的改革内容、改革目标和拟解决的关键问题。

多教学内容相融合：结合学校办学特色和所在省市区域特点，改革教学内容，形成以思政教育和工匠精神为主导，传统文化熏陶、职业生涯规划指导和劳动精神培育相融合的"五位一体"教学内容。

教学方法创新：结合职业精神的培育，实现教学过程"四师融通"，即思政教师、专业课教师、企业工程师、职业指导师的融通。四种教师联合，培养学生的敬业精神、创新精神、协作精神、科学精神、诚信精神、研究精神、求精精神和奉献精神。综合运用历史教学法和案例教学法，在潜移默化中实现教育目标，促进学生的全面发展。

评价体系创新：创立"学分银行"和"三方评价"相结合的创新型评价体系。"三方评价"是指，思政课教师、专业课教师和企业导师都可以对学生的"工匠精神"进行评价。"学分银行"则指的是，除了思政课以外，学生实习期间企业导师对学生在"工匠精神"方面的满意评价可以转化为思政课学分，专业课教师在教学中对学生的"爱国精神、敬业精神、创新精神、协作精神、科学精神、求精精神和奉献精神"进行评分，三者评分按照权重累计起来得到学生最终的思政成绩。"三方评价"相互之间可以进行换算，其比例可根据专业进行调整。

（七）师资建设：促使师资队伍注重职业技能和职业精神的融合

若借鉴德国应用科学大学的师资队伍选拔、培养和建设的经验，我国应用科学大学教师队伍建设需要严格把控教师的职前选拔标准，建立教师职后能力培养机制，并积极拓展与综合大学的多方面合作，加强国家、地方政府和科研机构的干预与影响。应用科学大学的师资队伍建设和培养应注重职业技能（专业知识、专业技能、专业能力、教学技能、学习能力）和职业精神（敬业精神、创新精神、协作精神、科学精神、诚信精神、研究精神、求精精神、奉献精神）的融合培育。

首先，培养具备职业技能和职业精神的教师至关重要。教师应该不仅仅具备丰富的专业知识和技能，还应该有着强烈的责任心、团队合作意识以及不断创新的精神。为此，需要招募具备丰富实践经验的专业人士，以及有教学热情和教育使命感的教师，构建多样化、高水平的师资团队。其次，应为教师提供持续的专业发展和成长空间，比如通过定期的培训、研讨会、实践交流等方式，帮助教师不断提升自身的职业技能水平。同时，要鼓励教师参与各种教育实践和项目，促进其在职业精神方面的培养和提升。另外，宜建立激励机制，激发教师对职业技能和职业精神融合的热情和动力，这可以通过评选优秀教师、设立奖励机制、提供晋升机会等方式来实现，以鼓励教师在教学中更加注重培养学生的职业技能和职业精神。此外，加强师资队伍的国际交流与合作也是非常重要的。与国外优秀教育机构、企业合作，学习其先进的教育理念和经验，邀请国外专家学者来校交流访问，可以为师资队伍带来新的思路和视野，有利于职业技能和职业精神的有机融合。

四、结语

他山之石，可以攻玉，德国在职业教育、高等应用技术教育方面的经验，特别是在职业技能和职业精神融合培养方面的经验，为我们国家的高级技术人才培养提供了很多启示。与此同时，我国的国情、文化和教育发展基础与德国存在巨大差异，在借鉴他国经验的同时也应该充分结合自身的特点，因地制宜、因时制宜地制定职业技术和职业精神相融合的培养方案。

参考文献

［1］杨金栓,江雪儿.基于职业技能和职业精神融合的"四层三境三改三评"人才培养模式研究［J］.教育与职业,2022(8):97-101.

［2］何应林.职业技能与职业精神融合培养:德国、日本、瑞士的经验与启示［J］.黑龙江高教研究,2019(11):87-91.

[3] 陆君.工匠精神与高职院校思政课融合的路径探究[J].才智,2023(30):57-60.

[4] 李国娟.超越异化劳动:新时代工匠精神的培育路径研究[J].西部学刊,2023(20):115-118.

[5] BIBB(2020). Datenreport zum Berufsbildungsbericht 2020 (Vorversion)[VET data report Germany, preliminary draft report]. Bonn.[2024-09-07]. https://www.bibb.de/dokumente/pdf/bibb_datenreport_2020_vorabversion.pdf.

[6] BMBF(2020). Berufsbildungsbericht 2020[Report on vocational education and training 2020]. Bonn, Berlin.[2024-09-07]. https://www.bmbf.de/de/berufsbildungsbericht-2740.html.

[7] 吴晓川.当代职业教育管理[M].北京:北京工业大学出版社,2008:13.

[8] 刘淑云,祁占勇.德国职业教育制度的发展历程、基本特征及启示[J].当代职业教育,2017(6):107-108.

[9] 邓涛,陈婧."德国制造"职业精神之历史文化溯源[J].西北工业大学学报(社会科学版),2017(2):32-33.

[10] 周谊.德国职业教育:发达的原因、发展的特征和趋势[J].西南师范大学学报(哲学社会科学版),1997(5):113-117.

[11] 徐纯,张巾帼.德国应用科学大学教师的选聘、发展与启示[J].教育与职业,2023(8):77-84.

21世纪以来德国职业教育研究的文献计量分析
——基于CSSCI数据库的CiteSpace可视化研究

郭 瀚 深圳大学外国语学院西语系

内容概要：德国职业教育因其成功模式而成为我国学界关注的焦点，本文通过使用CiteSpace软件进行可视化分析，对21世纪以来国内高质量人文社科期刊登载的有关德国职业教育研究的学术文献进行了系统梳理。在研究力量方面，本文通过高产作者和高共被引作者分析寻找出这一领域的核心研究学者，并借助关键词共现分析提炼出学界的研究热点，主要涉及"双元制"教学模式、职业教育与高等教育及学术教育的融合。关键词突变分析揭示了研究热点的演进趋势，表明学界的关注焦点从早期的概述性研究逐渐转向对职业教育适应性问题的深入探讨。近三年出现的新趋势是对职业教育适应性问题的进一步深化，相关研究主要围绕融合问题及终身学习的理念进行。总体而言，我国对德国职业教育的研究已取得一定成果，未来研究可进一步聚焦于职业教育与学术教育融合的深层探讨，以适应社会转型升级和对高技能人才的需求。

关键词：德国；职业教育；文献计量；可视化分析

一、引言

党的二十大报告提出"统筹职业教育、高等教育、继续教育协同创新，推进职普融通、产教融合、科教融汇，优化职业教育类型定位"，将职业教育列为与高等教育并重的教育体系，体现了党和国家对职业教育的高度重视。德国的职业教育在经历长期发展后逐渐形成体系，是世界公认的成功模式，在德国社会发展中承担重要角色。我国对德国职业教育普遍持肯定和借鉴的态度，于20世纪80年代开始研究学习德国职业技术教育经验，并取得不少成果。[1-2] 21世纪以来，学界从不同角度对德国的职业教育进行了广泛深入探究，但总体上看多以政策解读和实践分析为主，鲜有针对此话题的文献量化研究。①

本文旨在探究21世纪以来国内高质量人文社科期刊对德国职业教育研究的学术文献刊载情况，深入了解当前国内学界针对这一话题的研究现状及前沿热点。笔者应用陈超美博士开发的科学文献分析软件CiteSpace 6.2.R7高级版进行文献计量分析，通过可视化的途径呈现科学知识的结构、规律和分布情况，将文献数据之间的关系以科学图谱的方式进行呈现。[3]

二、数据库的选择和文献基本特征

本研究选用中文社会科学引文索引（Chinese Social Sciences Citation Index，CSSCI）数据库收录的期刊论文，不含拓展版。笔者将期刊文献时间范围设置为2000年至2023年，文献格式设置为论文，检索条件为："篇名=德国，关键词=职业教育"&"关键词=德国，篇名=职业教育"，分别检索出文献记录为108及74篇。基于这一数据，笔者统计出这一领域的12本常用CSSCI期刊，进行数据补全，使用CiteSpace软件进行数据转化及除重降噪，结合人工阅读论文题目与摘要进一步除重，最终获取有效数据133条。

在CiteSpace参数设置中，时间分区（Time slicing）为2000—2023，时间切割单位为1年；网络裁剪方式（Pruning）选择寻径网络（Pathfinder Network）和对合并后的网络裁剪（Pruning the merged network）相结合；其余阈值参数使用默认参数。以下研究分析结果基于上述有效数据展开。

根据CSSCI数据库中133篇样本文献的发表年份（如图1）可以看出，21世纪以来有关德国职业教育研究的论文年发文量存在一定波动。在2020年之前有过三次小高峰，分别是2005年，2015年（各8篇），以及2018年（9篇）。国家政策法规对德国职业教育研究具有一定的导向作用：2005年，教育部发布了《关于加快发

---

① "职业教育"和"职业技术教育"这两个概念存在一定区别，前者通常指以职业为导向的教育，涵盖中等和高等职业教育；后者侧重于技术和理论知识的传授，包括各种工程、技术和科学等专业。这两个概念之间也存在密切联系，国内学界在讨论此话题时均有所使用，故本文亦未作严格区分。

展中等职业教育的意见》（教职成〔2005〕1 号），指出要把发展职业教育作为经济社会发展的重要基础和教育工作的战略重点；2014 年，国务院印发《关于加快发展现代职业教育的决定》（国发〔2014〕19 号）；随后，教育部于 2015 年编制了《高等职业教育创新发展行动计划（2015—2018 年）》。

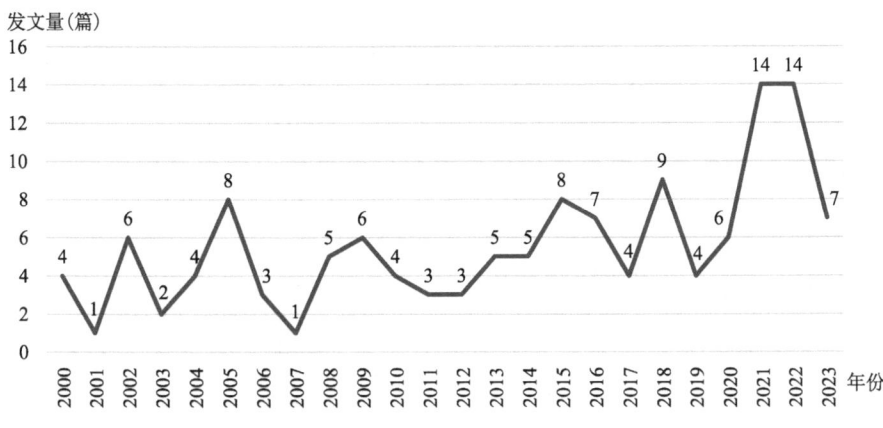

图 1　CSSCI 数据库中的德国职业教育研究主题论文历年发文量

相关话题的论文发表在 2018 年后出现短暂回落，在 2021—2022 年达到年发文量的峰值期，均有 14 篇论文发表。笔者认为主要原因在于自 2019 年 1 月国务院印发《国家职业教育改革实施方案》（国发〔2019〕4 号）以来，国家相关部门陆续出台多份政策文件，起到重要的指导性作用。而 2021—2022 年这段时间也是国内学者针对德国职业教育研究进行合作发表的高峰期。

三、研究力量分布

（一）发文机构分布及机构合作关系

高等院校或科研机构在德国职业教育研究领域的发文数量可以体现其在该领域科研能力的强弱。笔者运行 CiteSpace 软件，将节点选取为"Institution"选项生成机构知识图谱，绘制出的论文高产机构分布图如下（图 2）。

如图左上角所示，机构图谱节点数 $N=78$，关联性连线 $E=24$，表明 133 篇论文的发文单位机构为 78 家，检测到 24 条机构间合作关系。根据文献计量统计结果，发文单位基本上均为高校，其中同济大学的论文产出量最高，共有 37 篇。余下发文量排在前三位的依次是北京师范大学和天津大学（各 8 篇），还有教育部职业技术教育中心研究所、上海师范大学和陕西师范大学（各 4 篇）。从论文发文量

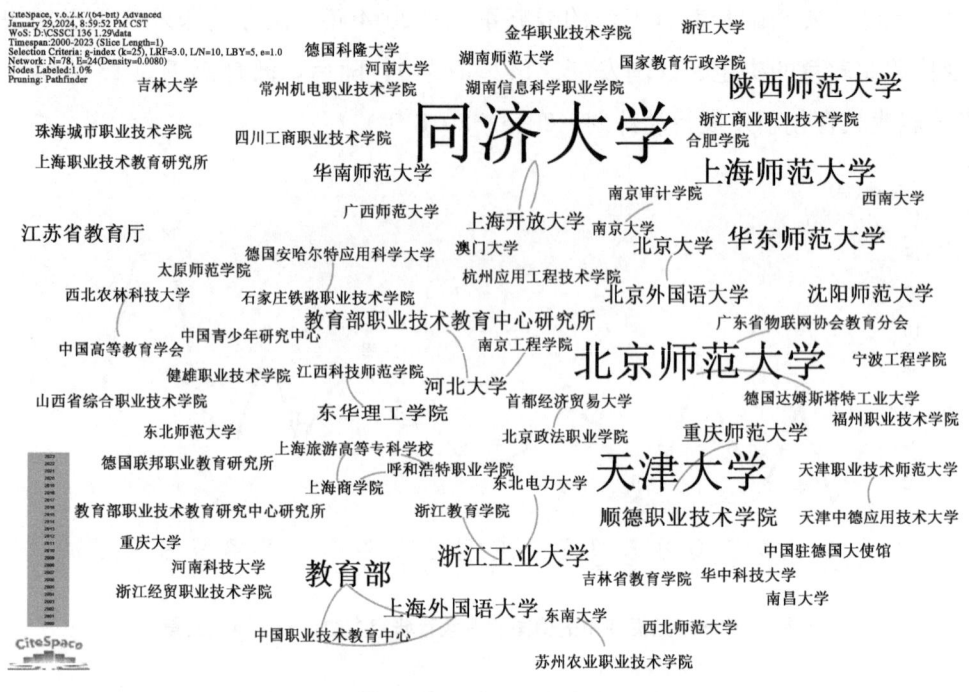

图 2　德国职业教育研究发文机构合作图谱

足以看出同济大学在德国职业教育研究领域的科研力量占据绝对优势。从机构合作图谱可以看出，在德国职业教育研究领域，我国参与的研究机构数量有限，以高校为主，且机构间合作较少。

（二）发文作者分析

将节点选取为"Autor"选项生成发文作者知识图谱，可绘制出发文作者共现分布图（图 3）。从图中可以看到、$N=152$，$E=67$，即 133 篇文献共有 152 位作者及 67 条合作关系。在 CSSCI 数据库收录这一研究领域的文献中，前三位高产作者依次是谢莉花（14 篇）、唐慧和李俊（各 6 篇），均来自同济大学职业技术教育学院。随后三位高产作者是陈莹、姜大源和周志刚（各 4 篇）。笔者在作者共现图谱的基础上进一步绘制出作者共现时区图（图 4），以便更直观地呈现发文作者之间在不同时间的合作关系。

从发文作者共现时区图可以发现，CSSCI 数据库收录德国职业教育研究领域的文献主要以独立作者或者双人合作的方式发表，且作者间的双人合作次数多为一次。以三人形式在这一领域发表成果的研究团队共有 5 个，合作次数同样为一次。团队发文最早可以追溯到 2001 年，钱建平、肖毅和涂明三人就德国高职高专教育

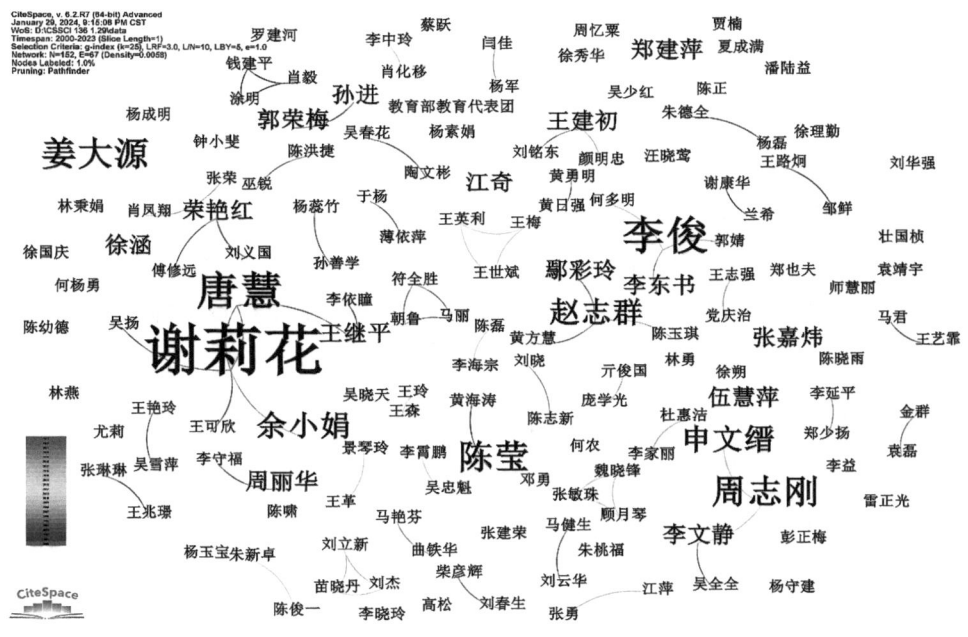

图 3　作者共现知识图谱

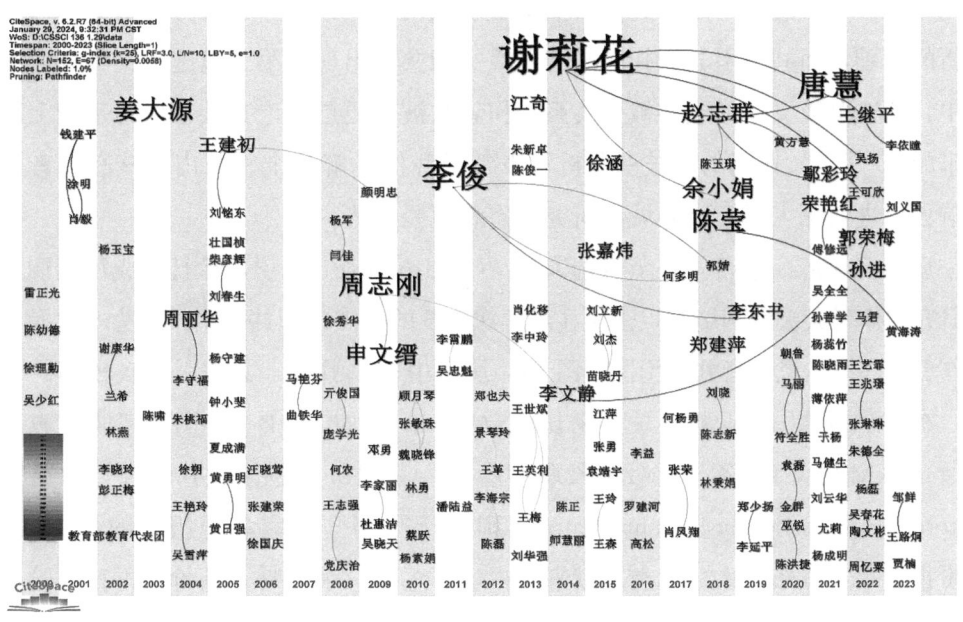

图 4　发文作者共现时区图

发展的历史与特点进行深入探讨。[4] 魏晓锋团队（2010）探讨了"双元制"职业教育在德国兴起的原因及办学特色。[5] 王梅团队（2013）以德国石荷州的职业学校外部质量评价为研究对象，分析其评价主体、评价理念和评价过程。[6] 苗晓丹团队（2015）梳理了德国农业职业教育发展的历史并分析其教育体系的基本特点。[7] 符全胜团队（2020）研究了德国职业教育系统内部的资源模式，指出其存在有别于传统资源共享的共生模式。[8]

谢莉花作为这一领域的高产作者，与多名同行学者进行了合作，例如她和余小娟共同探讨了德国资历框架体系本身的特点[9]及其对职业教育条例的影响[10]。谢莉花和唐慧就德国职业教育的融通问题也有较为丰富的研究成果，主要集中在融通性教育体系的构建，涉及其政策与举措[11]、构建历程与逻辑取向[12]、核心基础和实现路径[13]等。总体而言，除了高产作者的合作发文外，针对德国职业教育研究尚未形成密集的研究团队网络。

四、共被引作者分析

学术论文引用其他参考文献的行为可以看作知识在不同主题或领域之间的流动，随着科学研究的不断推进会自然形成引文网络。因此，引文分析是文献共被引分析的基础，而共被引分析指的是若两篇文献共同出现在第三篇施引文献的参考目录中，则这两篇文献形成共被引关系。作者共被引便是从论文共被引的基础上衍生出来的。[3](146-148) 作者的共被引分析可以帮助我们了解某个领域内的核心作者及其影响力，进而深入了解该领域的研究动态和发展趋势。

运行 CiteSpace 软件，将节点选取为"Cited Author"选项，运行生成德国职业教育研究的作者共被引网络，点击仅显示频次为 5 的节点，即共被引次数为 5 次及以上的作者，最终生成作者共被引图（图 5）。从图中可以看出，共被引频次较高的作者中，有几个与德国职业教育关系密切的政府部门，如 BIBB（德国联邦职业教育研究所）、KMK（德国各州文教部长联席会议）、BMBF（德国联邦教育与研究部）。Autorengruppe Bildungsberichterstattung 则是撰写德国国家教育报告的作者团体，该份报告每年发布一次。此类文献来源提供了重要一手资料，其价值不言而喻，必然需要在学术研究中加以引用，对此本文不做过多深入探讨。其余的高共被引作者依次是姜大源（频次为 14）、Euler D（10 次）、石伟平（7 次）和李益（5 次）。

姜大源是 133 篇文本数据中共被引频次最高的中国学者，现为教育部职业教育

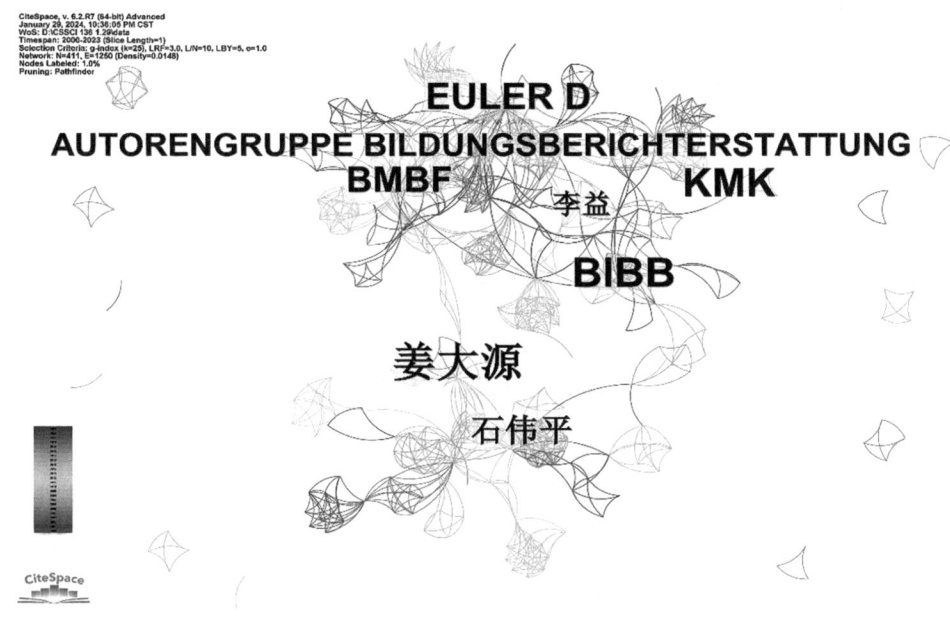

图 5　作者共被引网络图

发展中心研究所研究员。笔者在总结所有 14 篇施引论文的参考文献引用信息后整理出该名学者的共被引文献信息（表 1），从中可以看出其长期专注于德国职业教育的研究，主要从改革实践研究、体制与政策文本解读的角度进行探讨。

表 1　高共被引作者姜大源的共被引文献信息

年份	论文标题	来源
2001	德国企业在职业教育中的作用及成本效益分析	《中国职业技术教育》，2004（08）：54-56
2003	关于"双元制"职教模式评价的国际比较	《职业技术教育》，2003（03）：27-29
2004	职业教育专业教学论初探	《教育研究》，2004（05）：49-53
2004	着眼于未来的理性思辨：坚持与改革——德国"双元制"职业教育近期发展动态综述	《职业技术教育》，2004（13）：58-63
2005	德国职业教育改革重大举措——德国新《职业教育法》解读	《中国职业技术教育》，2005（14）：59-61
2008	职业教育：类型与层次辨	《中国职业技术教育》，2008（01）：1+34
2009	职业教育立法的跨界思考——基于德国经验的反思	《教育发展研究》，2009（19）：32-35
2012	德国联邦职业教育法译者序	《中国职业技术教育》，2012（10）：71-88
2013	德国"双元制"职业教育再解读	《中国职业技术教育》，2013（33）：5-14

(续表)

年份	论文标题	来源
2020	职业教育学位设置：文本分析与模式识别——基于比较视野的职教法律法规相关条款的释解	《中国职业技术教育》，2020（16）：5-24
2022	关于职业教育的几点哲学反思	《教育与职业》，2022（02）：5-12

  Dieter Euler 是瑞士圣加仑大学的教授，担任学校教育管理研究所所长、教育质量监控委员会主任，主要从事高等教育管理研究。他一直致力于研究德国职业教育和学术教育的融通问题，于 2014 年和 2016 年与 Eckart Severing 教授合作为贝塔斯曼基金会（Bertelsmann Stiftung）撰写了《职业教育与学术教育之间的渗透性》报告①。其中 2014 年的报告聚焦教育选择模式、人口结构影响、学习课程职业化以及就业体系中的资格要求，用数据说明德国的现实情况；2016 年的报告则详细介绍了职业教育与学术教学相融通的培训模式。这两份报告均可在网上直接获取，也是除了德国政府部门文件外、国内学者最常引用的德语文献之一。另外两位高共被引作者中，石伟平的主要研究领域为职业教育比较研究（详见表 2）。和其他高共被引作者的多篇研究成果被引用情况不同，五篇共引了李益研究成果的施引文献同时引用了其发表在《德国研究》上的同一篇文献[14]，这足以体现这篇论文的学术价值，是大部分学者在讨论德国职业教育和高等教育时不可忽视的。

表 2 高共被引作者石伟平的共被引文献信息

年份	论文标题	来源
2001	比较职业技术教育	专著，上海：华东师范大学出版社
2001	职教课程与教学改革的国际比较	职业技术教育，2001（19）：49-55
2006	比较高等职业教育：发展与变革	专著，上海：上海教育出版社
2018	走向现代化：改革开放 40 年我国职业教育发展之路	教育与经济，2018（4）：13-21
2018	促进校企规范合作　全面推进产教融合——《职业学校校企合作促进办法》解读	中国职业技术教育，2018（10）：15-18
2021	类型化改革背景下本科层次职业教育发展的困境与出路	现代教育管理，2021（2）：99-104

---

① 2014 年报告题目为 Durchlässigkeit zwischen beruflicher und akademischer Bildung — Hintergründe kennen (Daten, Fakten, offene Fragen): https://www.bertelsmann-stiftung.de/de/publikationen/publikation/did/durchlaessigkeit-zwischen-beruflicher-und-akademischer-bildung[R/OL].[2023.12.30].
2016 年报告题目为 Durchlässigkeit zwischen beruflicher und akademischer Bildung — Praxis gestalten (Modell einer studienintegrierenden Ausbildung): https://www.bertelsmann-stiftung.de/de/publikationen/publikation/did/durchlaessigkeit-zwischen-beruflicher-und-akademischer-bildung-praxis-gestalten[R/OL].[2023.12.30].

五、基于关键词的研究热点和趋势分析

关键词作为学术论文的核心组成部分，不仅精练地概括了论文的主要研究内容和研究方法，还可以突显论文的重点和创新点。通过对关键词的分析可以洞察到某一领域的热点议题和研究方向。在使用关键词进行文献计量分析时有两个常用指标，一个是"高频性"，指关键词在文献中出现的频率；另一个是"高中介中心性"，是 CiteSpace 软件中测度节点在网络中位置重要性的一个指标，具体指一个节点作为连接桥梁位于许多其他节点对应的最短路径上。[3](86-87)

（一）基于关键词共现的研究热点分析

运行 CiteSpace 软件，将节点类型选择为"Keyword"，阈值标准选择 TopN = 50，即每年出现频次最高的前 50 个关键词，运行可视化，选择节点呈现为 by degree = 4，即仅显示度中心性为 4 及以上的重要节点，最终生成关键词共现网络图（图 6）。图中节点数 N = 196，关联性连线 E = 319 条，意味着 133 篇文献中共有 196 个不同的关键词出现，构成关联性连线 319 条，同一篇施引文献中包含两个关键词即构成一条连线。关键词贡献的密度 D = 0.016 7，远低于参考值 0.1，说明 133 篇样本文献对德国职业教育的研究集中化程度较低。关键词共现图中的圆圈大小表示关键词出现

图 6　关键词共现网络图

的频次，圆形面积越大，说明该关键词的研究热度越高。从图6和表3可以看出，以"职业教育""德国""德国教育"为中心的研究数量最多，可见相关问题研究与其他学科领域没有明显的交叉融合，研究结构相对单一。在此情况下，需要进一步进行关键词中心性的分析。

表3 高频关键词Top 10统计表

排序	关键词	频次/次	中介中心性
1	职业教育	73	0.93
2	德国	55	0.67
3	德国教育	17	0.55
4	双元制	17	0.41
5	高等教育	5	0.15
6	学术教育	5	0.14
7	职业学校	4	0.08
8	学习领域	3	0.18
9	职业学院	3	0
10	融通、共生系统、教育公平、终身学习等多个关键词	2	0.19/0.12/0.1/0.1及其他数值

关键词中心性指标（Centrality）是除了出现频次之外的另一个重要分析要素，代表多个关键词之间的关联程度。在CiteSpace中，中介中心性数值高于0.1的关键词较为重要，说明该关键词具有影响力且与其他关键词的关联性强度大。[3](86-87) 由于关键词共现图谱不能显示关键词的中介中心性数值，笔者根据软件生成数据，选取出中介中心性为0.1及以上的关键词，绘制出高中心性关键词统计表（表4）。

表4 中心性大于0.1的关键词统计表

排序	关键词	中介中心性	频次
1	职业教育	0.93	73
2	德国	0.67	55
3	德国教育	0.55	17
4	双元制	0.41	17
5	高职教育	0.29	1
6	教育分流	0.25	1

(续表)

排序	关键词	中介中心性	频次
7	考试模式	0.25	1
8	融通	0.19	2
9	学习领域	0.18	3
10	高等教育	0.15	5
11	学术教育	0.14	5
12	共生系统	0.12	2
13	教育公平	0.1	2
14	终身学习	0.1	2

"职业教育""德国""德国教育"这三个关键词虽然同时拥有高频和高中介中心性的特征，对于研究热点的指向性却不明显。其余同时满足高频和高中心性指标的关键词为"双元制""高等教育"和"学术教育"。

"双元制"是德国职业教育模式的核心。通过阅读关键词节点标出的文献，可以发现学界对"双元制"的研究贯穿于整个21世纪，常规研究方向主要集中在三个方面，一是早期对其教育模式和教育制度的解读和探讨[5,15-16]，以及近年来逐渐出现使用不同理论或视角对"双元制"模式进行更为具体的分析，例如基于文化历史活动理论的分析[17]，或是以企业职业教育人员作为研究对象[18]，或是着力于其中的公平问题[19]；二是对"双元制"模式的国际传播研究[20-21]；三是将德国"双元制"与中国的职业教育模式进行对比研究[22-23]。

"高等教育"和"学术教育"作为另外两个研究热点，同样是国内学者重点关注的范畴。谢莉花认为，职业教育和学术教育原本属于两个相对独立和分隔的教育领域，因为德国教育体系的渗透性而逐渐走向融通[24]。有关这两个热点的研究一方面集中于对职业教育和高等教育、学术教育融通交叉关系的探讨[11,25]，另一方面也有学者关注到高等教育扩张给职业教育带来的变化和挑战[26]。

（二）基于关键词突现的研究趋势

陈超美在其开发的CiteSpace中，将研究前沿视为新主题的涌现，可以在分析中利用从题目、摘要等部分提取的突发性术语和共引网络组成的混合网络进行分析。[3](135) 换句话说，关键词突现是指某一时期的文献中突然大量出现特定词语，关键词突现图能反映出文献中的关键词在特定时间段内的突出表现，进而推导出某一个时间段的研究趋势。

本小节使用软件自带的关键词突发性探测功能，识别出德国职业教育领域的突现关键词，以获取这一领域的研究前沿和发展趋势。在上述关键词知识图谱分析的基础上，点击软件控制面板中的"Burstness"选项，系统自动计算出关键词的突发性并生成前 20 个研究前沿关键词突现排序图（图 7）。图中共有 5 个栏目，从左到右依次呈现 Keyword 为突现关键词，Year 指首次出现年份，Strength 是突变强度，Begin 表示关键词第一次突现的时间，End 是关键词结束突现的时间。图中右边的年份条是突现可视化呈现，黑色线段代表关键词突现的热点区间，浅灰色线段代表突现词还未出现，深灰色表示关键词出现的时间段。

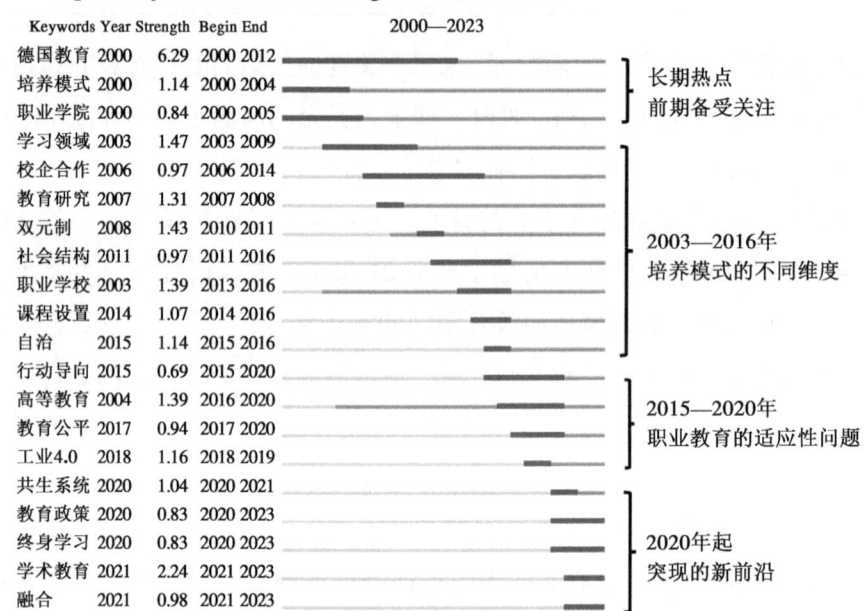

图 7 研究前沿关键词突现排序图

从图中可以看出，21 世纪以来，"德国教育""培养模式"和"职业学院"三个突变关键词一直贯穿于整个研究时间段中，学界在 21 世纪早期尤其关注培养模式和职业学院这两个话题，以概述为主，同时也涉及对职业教育教师培养的研究[27]。自 2003 年起，德国职业教育培养模式的多个方面作为突现词涌现，其中"学习领域""双元制""课程设置""自治"等关键词的突现强度较大。主要原因一方面在于德国于 1996 年拉开新世纪职业教育课程改革的序幕，随着改革推进，国内学界也开始从不同维度对德国职业教育进行较深层次的理论探讨，而德方也在 2003 年将学习领域课程作为职业教育新的课程范式在全国推开[28]。另一方面，尽管"双元制"是德国职业教育一个不可或缺的关键词，中国学者已经意识到不能仅仅停留在形式上学习德国模式，转而从理论视角分析其内在本质规律，有对"学习领域"课程设置原理的分析[29]，也有从德国"社会结构"剖析德国职业教育发展的社会原因，以及解说产业自治对职业教育的权限问题[30]。"校企合作"的突现时间从2006年持续到2014年，是彼时学界持续关注的研究热点，主要涉及职业教育学习场所合作的理论研究[31]，也有学者前往德国企业进行实地考察调研后进行的探讨[32]。

2015—2020年，学界逐渐将研究重点转向职业教育的适应性问题，其中"行动导向"教学作为上述"学习领域"课程模式的重要环节，必然成为重要的研究对象[29]。而职业教育与高等教育的贯通得以初步实现，德国提出"工业4.0"，这要求新增高等教育人才必须具备实践能力，与传统"双元制"教育人才的就业岗位产生重叠，也在一定程度上促进职业教育和高等教育的融通。在此背景下，迅速发展的德国"双元制"大学引起国内学者的重视[25]，其中的制度公平问题也同时成为关注重点。值得注意的是，从图6可以发现上述维度的相关研究均一直持续至今。

自2020年起，在外部环境快速变化的情况下，学界对于德国职业教育的适应性研究又有了进一步深化，诸如"教育政策""学术教育"和"融合"这三个新突现的关键词构成时下新的研究热点和前沿。此外，有学者使用"共生系统"的视角解读德国职业教育资源的整合实践[8,34]。而对于"终身学习"的研究与我国的国家战略发展密切相关。中共中央、国务院于2019年印发了《中国教育现代化2035》文件，提出要构建服务全民的终身学习体系，建立全民终身学习的制度环境，而谢莉花认为德国渗透性教育体系能够提供丰富的终身教育资源[24]。她通过分析德国资历框架，指出其在整体上促进了教育体系的终身化发展[9]。

六、结语

本文以21世纪以来CSSCI数据库中133篇德国职业教育研究的文献为研究对象，运用CiteSpace软件绘制知识图谱以进行文献可视化分析，具体包括文献基本情况如年发文量、发文机构和发文作者分析、共被引作者分析、关键词共现和关键词突变分析。在文献概述方面，国内高质量期刊对于此话题的刊载量虽然不多，但整体仍呈现波动性增长趋势，同时国家在职业教育方面的政策对于该领域发文量有较为明显的导向影响。

在研究力量分布方面，研究机构以高校为主，机构之间的合作较少，其中同济大学的产出成果最多。发文作者多以独立或双人合作的方式发表成果，偶有三人合作的团队。高产作者和高共被引作者构成这一领域的核心研究学者，其中高产作者代表是谢莉花、唐慧和李俊，三人均来自同济大学职业技术教育学院。高共被引作者中除了与德国职业教育关系密切的政府部门外，还有中国学者姜大源、石伟平和李益。通过上述分析可以发现，无论从研究机构还是研究人员合作的角度，除了高产作者的合作发文外，我国学界对德国职业教育的研究在整体上尚未形成密集合作的研究团队网络。为此，可以号召学界搭建合作平台或机制，充分发挥各机构及学者的优势，加强学术交流，以促进研究合作。

在研究热点方面，从关键词共现网络可以看出，目前德国职业教育研究与其他学科领域尚没有明显的交叉融合。通过对关键词频次及中介中心性的研究可以发现，学界重点关注德国职业教育的"双元制"教学模式，以及职业教育与高等教育、学术教育的融合问题。借助关键词突变分析可以发现，21世纪以来对于德国职业教育的研究热点存在一定发展规律，其中对培养模式和职业学院的讨论一直贯穿于整个研究时间段，早期以概述为主。而随着时间的推移，学界从早期的概述研究逐渐过渡至中期对德国职业教育不同维度的深层次理论探讨，其中包括对学习领域、校企合作和社会结构的分析。2015年起，不少学者转向对职业教育适应性问题的研究，主要关注行动导向、教育公平和工业4.0的作用。近三年出现的新趋势是探讨中期阶段职业教育适应性问题的进一步深化，相关研究主要围绕融合及终身学习的理念进行。德国职业教育与学术教育的融合问题是研究的热点趋势。无独有偶，教育部于2023年8月印发了关于《学习型社会建设重点任务》的通知（教职成函〔2023〕9号）。明确提出要"在地方和院校的不同层面，探索统筹职业教育、高等教育、继续教育协同创新的具体路径"，这也将促使学界对职业教育适应性问题进行更深入、更系统的研究。

参考文献

［1］Erich Thies,刘立新.当代德国职业教育研究［M］.上海:上海外语教育出版社,2018.

［2］徐涵,谢莉花.德国职业技术教育研究［M］.北京:北京师范大学出版社,2021.

［3］李杰,陈超美.CiteSpace科技文本挖掘及可视化［M］.3版.北京:首都经济贸易大学出版社,2022:3.

［4］钱建平,肖毅,涂明.德国高职高专教育发展的特点及其启示［J］.江苏高教,2001(2):110-112.

［5］魏晓锋,张敏珠,顾月琴.德国"双元制"职业教育模式的特点及启示［J］.国家教育行政学院学报,2010(1):92-95,83.

［6］王梅,王英利,王世斌.德国职业学校外部质量评价的内容与特点分析——以石勒苏益格-荷尔斯泰因州为例［J］.比较教育研究,2013(12):33-39.

［7］苗晓丹,刘立新,刘杰.德国农业职业教育体系及其主要特点［J］.中国农村经济,2015(6):85-95.

［8］符全胜,朝鲁,马丽.共生视角下德国职业教育资源整合实践及启示［J］.中国远程教育,2020(10):61-66.

［9］谢莉花,余小娟.德国资历框架内容体系的特点及启示［J］.中国远程教育,2020(9):8-15.

［10］谢莉花,余小娟.德国资格框架实施背景下能力导向的职业教育条例设计［J］.外国教育研究,2018(3):18-34.

［11］唐慧,谢莉花.德国教育体系中融通机制的构建:政策、举措与经验［J］.德国研究,2021(2):54-71,133-134.

［12］唐慧,谢莉花.政策分析视角下德国融通性教育体系的构建历程与逻辑取向［J］.国家教育行政学院学报,2022(1):84-95.

［13］谢莉花,唐慧.德国衔接、融通的职业教育体系建设的核心基础与实现路径［J］.高等教育研究,2021(6):99-109.

［14］李益.当代德国职业教育与高等教育的关系、融通与交叉［J］.德国研究,2016(3):112-123,128.

［15］张嘉炜.德国高等职业教育学制解读［J］.中国高等教育,2015(22):59-61.

［16］王志强,党庆治.德国"双元制"职业教育制度简介［J］.教育理论与实践,2008(6):47.

［17］杨蕊竹,孙善学.德国双元制教育治理体系研究与借鉴——基于文化历史活动理论的分析［J］.北京行政学院学报,2021(4):99-107.

［18］谢莉花,余小娟.德国企业职业教育人员:角色、职责与资格［J］.比较教育研究,2019(6):98-104.

［19］何杨勇.德国双元制职业教育发展中的公平问题［J］.高等教育研究,2017(3):104-109.

［20］马健生,刘云华.德国职业教育双元制的国际传播:经验与启示［J］.外国教育研究,2021(12):70-85.

［21］王继平,李依瞳.德国职业教育国际推广:战略引领下的体系合力［J］.比较教育研究,2023(6):96-103.

［22］袁靖宇.中德职业教育模式比较与借鉴［J］.江苏高教,2015(6):144-147.

［23］林秉娟.从德国的"双元制"到中国职业教育的集团化办学——人力资本的视角［J］.福建论坛(人文社会科学版),2018(6):151-156.

［24］谢莉花,唐慧.德国教育体系的渗透性:促进职业教育与学术教育相互融通［J］.比较教育研究,2022(1):96-104.

［25］陈莹."工业4.0"时代德国职业教育与高等教育融通研究［J］.比较教育研究,2018(4):94-100.

［26］李俊,郭婧.德国高等教育扩张下职业教育的变化及面临的挑战［J］.江苏高教,2018(5):83-88.

[27] 徐朔.德国职业教育教师培养的历史和现状[J].外国教育研究,2004(5):56-59.

[28] 徐涵.德国学习领域课程:职业教育教学体系的转变[J].比较教育研究,2015(1):97-101.

[29] 王建初,颜明忠.德国职业教育"学习领域"课程改革的理论诠释[J].外国教育研究,2009(7):78-81.

[30] 李俊.德国职业教育的想象、现实与启示——再论德国职业教育发展的社会原因[J].外国教育研究,2016(8):14-27.

[31] 江奇.从校企合作到学习场所合作——德国职业教育研究和实践的新发展[J].比较教育研究,2014(1):93-99.

[32] 张建荣.德国高等职业教育的特征及其启示[J].高等工程教育研究,2006(1):75-79.

[33] 陈莹.教育公平的"德国模式"研究[J].比较教育研究,2020(10):34-42.

[34] 尤莉.共生视阈下职业教育资源竞合关系演化机理及运作——以德国跨企业培训中心和技术转移中心为例[J].清华大学教育研究,2021(3):129-136.

德国职业教育行动导向的教学过程在高校德语教学中的应用探究

朱艳骎　深圳技术大学外国语学院德语系

内容概要：在德国职业教育中，行动导向的教学过程自20世纪80年代开始一直占据着主导地位。作为一种新兴的教学范式，其与传统的学科性教学范式和范例教学范式截然不同的教学理念和教学设计极大地完善了德国的双元制职业教育体系，全方位提高了职业培训人员的从业资质，为德国的各个职业领域源源不断地输送高素质的专业技术人才。随着全球经济一体化进程的快速推动，中德两国间的往来日趋频繁，德语这一传统的语言学科也面临着越来越多的"职业化"需求。因此，如何让高校德语教学在传统的语言学、文学两大方向外，开辟出新的职业化教育的道路，为国家培养出符合市场需求的新时代德语人才，是目前高校德语专业建设的主要任务。而德国作为在职业教育体系方面极其成熟的国家，其先进的教学思想和理念值得我国高校德语专业借鉴参考。本文选取德国职业教育中典型的行动导向教学过程作为主要研究对象，通过对其含义、理论基础以及教学方法的深入分析，探讨其在高校德语教学中应用的可行性以及对于高校德语教学发展的意义，以期促进高校德语专业建设以及德语人才培养。

关键词：德国职业教育；行动导向；教学法；高校德语教学

一、"行动导向"概述

（一）"行动导向"的含义

"行动导向"的概念最早由英国的雷金纳德·雷文斯（Reginad Revans）教授在

20世纪60年代提出，在英语国家，它被称为 Action Research 或 Action Learning，主要应用在集体性的职业发展培训活动中。在德国，它被称为 Handeln Lernen（行动学习）或者 Handlungsorientiertes Lernen（行动导向的学习）。行动导向教学是根据完成某一职业工作活动所需要的行动与行动产生和维持所需要的环境条件以及从业者的内在调节机制来设计、实施和评价职业教育的教学活动，而学科知识的系统性和完整性不再是判断职业教育教学是否有效、是否适当的标准[1](54)。

（二）行动导向教学的理论基础

目前，行动导向教学的形成与发展主要由建构主义学习理论、基于行动调节层次的工作活动分类法、行动-经验学习理论以及范畴教育理论提供理论支撑。建构主义理论认为，学习就是在社会性交往中，由内在认知结构与外在客观结构之间相互作用造成的认知结构不断增加或改变的过程。其理论将学生的学习活动定义为一个建构—重构—解构的循环过程。行动调节理论旨在探究可见的工作行动与不可见的思维活动之间的关系，试图回答在具体实施一个特定工作行动的过程中，思维和学习是怎样发生的。学习的过程在这一理论中被定义为心理结构优化的过程，学习者通过对"心理结构"（即实现某个行动的思维过程）的不断优化对行动过程中的具体需要进行行动调节，从而达到学习的目的。根据行动-经验学习理论，学习者通过调动原有的、与学习对象有关的经验，在行动和经历的过程中形成新的经验，并通过思维活动将新旧经验结合起来，建构新的认知结构和新的行动模式。而范畴教育理论则是融合了行动调节理论对于客观世界开发的指导以及行动-经验学习理论对于主观世界开发的指导，其核心是实现主观世界与客观世界的双重开发。

虽然关于行动导向的理论各有侧重，但其本质都是以人为本，强调人在实现既定目标过程中进行反思的重要性，注重对学习过程中交流形式的分析，强调"为了行动而学习"和"通过行动来学习"，其核心是优化学习过程[1](8-9)。

（三）行动导向的教学方法

在行动导向教学丰富的理论基础上发展而成的行动导向教学方法目前主要有七阶段协作-反思教学法、引导文教学法以及基于完整工作过程的教学活动设计。七阶段协作-反思教学法由七个按顺序进行的阶段组成：热身准备；现状分析；目标表述；寻找解决方案；选定解决方案；表述学习结果；回归现实。在教学过程中，学习者通过参加协商、决策、行动和检查的整个工作过程，来学习与掌握新知识和新经验，同时提高解决问题和交流协作的能力，并最终实现关键职业能力的培养目标[1](61)。引导文教学法是指借助引导文,通过学习者对学习性工作过程的自行控制,引导学生独立进行学习性工作的教学方法。此教学法的实施由获取信息、制定计划、作出决定、实施计划、检查计划以及评价成果六个步骤构成[1](62)。基于完整工作过程的教学活动设计是指按照顾客订单组织学生经历完整工作过程的职业教育活动。它将完成顾客的订单要求作为学生职业能力发展的目标,而学习活动也是在生产顾客所需产品的职业工作过程的基础上完成的。其完整的教学实施过程即为完成顾客订单的过程,包括以下关键步骤:咨询、设计、决策、执行、控制以及评价[1](62-63)。

从这三种教学方法中我们可以发现,行动导向的教学方法拥有以下共同点:

1. 注重实际工作过程的还原,引导学生在模拟真实甚至是完全真实的工作过程中完成学习过程。通过对工作过程的极大还原甚至让学生完全置身于工作当中,学生能够更好地将理论联系实际,更直观地面对工作中会出现的实际问题,在未来走向工作岗位时能够更快速地适应整个工作流程。

2. 强调学习的阶段性。细化教学步骤,使学生能通过不同的阶段和步骤层层递进地掌握知识,由此更系统地掌握实际工作过程的内在逻辑。

3. 强调学生的主导性。教师在整个教学过程中只起到咨询、关键问题上的指导以及促进作用。学生通过充分发挥主观能动性,独立完成教学任务,能够更好掌握所学知识,促进个人职业能力的发展。

4. 提倡小组学习。学生通过在组内分工,共同完成既定任务,大大地提高了工作协作能力。

5. 注重教学的反思性。通过对既定任务的完成度的评价,有利于学生全面回顾学习及工作过程,并对学习和工作过程中所遇到的问题进行更深入的思考与探讨,并加强对整个学习以及工作过程的理解。

二、"行动导向"教学在高校德语教学中的可行性

(一) 高校德语教学目前存在的不足

1. 教学改革流于表面,教师教学方法传统,教学模式单一[4]

近几年来,随着新课改的深入发展,许多高校在新课标的指导下纷纷开始推行德语教学改革。他们提出"促进学生全面发展"的教学理念,许多高校教师尝试新的教学方法,如"任务教学法""自主性学习法""探究式学习法",并在传统课堂模式之外构建"翻转课堂",开辟"慕课"等新的教学模式,旨在将课堂还给学生,

让学生成为课堂的主导。然而这些新兴的教学理念与方法正逐渐流于表面。许多教师只是在一些公开课与教学项目中为了完成学校下达的任务或完成某些"指标"时采用这些教学方法。在实际的教学实践过程中，大部分教师出于教学进度压力、繁琐备课过程、课堂教学掌控等多方面原因，仍然采用传统的讲授型教学模式，让学生单方面地接受知识，这会使他们缺乏独立思考的能力，只会机械地背单词、记语法，对德语缺乏更深层次的理解。

2. 学生学习语言的方法刻板，缺乏主观能动性和独立思考能力

我国学生在大学前的教育阶段受到传统教育制度根深蒂固的影响，在以往的英语学习中，习惯于课上被动地接受知识，课后按照老师的要求完成记单词、背语法等书面的学习任务，完全依赖老师的引导。特别是由于高中阶段"高考"制度的压力，不少学生逐渐形成了"题海战术"的学习模式，即课下"刷题"、课上"讲题"的机械的学习模式。这样的学习方法固然能够快速直观地使学生发现学习上的"漏洞"，尽快做到查漏补缺，完善学习网络，然而对语言学习却不完全适用，因为语言学习不能单纯依靠做题，真正重要的是听说读写能力与综合素质的培养，最终目的是达到人与人之间无障碍的交流。许多大学生在德语学习中直接照搬高中的传统模式，"老师讲什么就学什么，老师布置什么就完成什么"，不去思考自己要学什么、想学什么，也不去探究语言学习的真正意义，而是一味通过做题巩固语言知识，忽视了对语言能力的培养以及对语言的实际应用，"不用心听，不开口说"，最终成为"哑巴德语"学习者。

3. 当前使用的教材偏陈旧，逐渐不适应新时代德语学习的需求[3]

目前我国大部分高校德语专业使用的教材是由梁敏、聂黎曦主编，于2004—2009年由外语教学与研究出版社出版的《当代大学德语》系列教材。然而时至今日，此教材的使用已经迈向了将近第二十个年头。随着经济的发展与社会的进步，此教材也逐渐显露出一些问题。根据杜荣教授在2019年发表的一篇题为"中国德语专业教材《当代大学德语》使用情况调查结果与分析"的论文中所提供的数据，大部分学生与教师对于该教材在语法和词汇上的编排表示满意，然而对于该教材涉及本土国情的情况，是否有助于提升跨文化交际能力、自主学习能力及创新能力，课文内容的现实性和时效性以及课文体裁的多样性，学生与教师的满意度都较低[6]。通过此调查报告的结论我们可以看出，该教材适合于传统的讲授型教学模式，教师能够利用此教材很好地讲授和训练学生的语言知识和技能，但该教材在语言实践和跨文化能力培养方面信息明显滞后并编排不足，学生的语言交际能力很难由此得到真正提高。

(二)"行动导向"教学在高校德语教学中的优势

1. 教师成为教学过程中的"咨询者"和"组织者"

"行动导向"教学法强调：教师在整个教学过程中不再是照本宣科的"宣讲者"，而是扮演着监控和咨询的角色，其责任在于设计一个合理巧妙的实验项目——学习性工作任务，使得学生能够在操作中学到知识。在整个实验过程中，教师很少说话或者进行指点，最后的实验评价也应由学生自己完成。这种实验式的教学法真正做到了将学生作为教学的主体，学生在实际操作中从发现问题到解决问题的一系列过程更有助于学生对目标知识的理解与掌握。德语虽属语言学科，教学的实操性看似不强，然而其教学的最终目的仍是"听""说""读""写"四大语言技能的掌握以及熟练运用。教师在教学过程中可以此为教学方向设置相应具体的学习性工作任务，从而让学生通过自主解决具体语言情境中的问题，更好地掌握语言技能。

2. 学生成为教学过程中的"主导者"[5]

"行动导向"教学形式虽多种多样，但其根本目的是促进学生职业行动能力的发展。其设计原则是以学生为中心，以学生的兴趣为教学组织的起点并要求学生自始至终参与教学全过程。在学习组织方面，学生、教师与学习环境间呈现出新型的"三角双向"的教学模式，即在学生与教师之间、学习环境与学生及教师之间构建的一个良性互动的关系，以保证预期教学目标的实现。在这样的教学模式下，学生才能真正摆脱被动接受知识的单向学习模式，逐渐脱离对老师的依赖，通过完成学习性工作任务培养独立思考能力，并逐渐养成自主学习的独立学习模式，从而真正提高语言交际能力及实践能力。

3. 教学模式更符合新时代德语职业型人才的需求

近年来，随着中德两国之间的经济贸易往来逐渐密切，大量的德资企业以及中德合资企业进入中国市场，我国对德语职业型人才的需求也越来越迫切。以往高校培养的"理论型人才""学者型人才"早已无法满足各大企业的需求，他们需要的是真正具备德语实践能力及技术素养的"实践型人才"，而"行动导向"的教学模式真正做到了"知识型""理论型"教学向"实践型"教学的转变。学生通过自主完成学习性工作任务积累德语实践能力，在今后走向工作时能更快胜任岗位，减少企业的培训时间及成本，为企业的人才培养提供了便利。

三、"行动导向"教学过程在高校德语教学中的应用

(一)七阶段协作-反思教学法的应用

此教学法因由七个阶段组成且协作与反思突出了小组活动中行动-经验学习的

本质特征而得名。此方法突出了协作和反思两个要素在设计教学活动中的重要性，这也是现代企业职业活动和个人职业能力发展最迫切需要的个人素质特征。这种教学组织形式提出一个相对完整、独立的教学过程应包括七个先后进行的阶段[1](248)。笔者以《当代大学德语1》中的Lektion 1——"Wir lernen Deutsch"为研究对象，对这七个阶段进行了应用初探，具体内容如下：

第一，热身准备：本单元的主题为"德语学习"（Deutsch lernen），这也是德语学习的第一堂课，老师与学生们第一次见面，学生在此前完全没有接触过德语。在正式开始学习前，师生共同完成情境设置。老师通过与德语学习相关的图片展示进行启发式教学，引导学生针对"我们是谁？""我们的学习目标是什么？""怎样开展学习活动？"等问题展开自由讨论。老师首先用德语进行简单的自我介绍，并组织活动让学生们尝试用德语进行自我介绍，使其相互了解，形成轻松愉快的研讨氛围。大家讨论并具体化本单元涉及的学习板块，协商并根据不同的学习板块确定活动规则，包括时间划分、活动程序、分组、评价依据等。具体讨论结果范例如表1所示。

表1 "德语学习"单元的大致框架与活动规则

学习板块	时间划分	活动程序	分组	评价依据
词汇	1课时	1. 将生词表中的生词按名词、动词、形容词、副词、介词进行分类 2. 将名词按照阴性、阳性、中性进行分类，尝试找出各词性名词的特点以及分布规律 3. 归纳出生词表中的动词搭配（直接接第四格或搭配相应介词）	可个人或组内完成，每人/组选择一个任务进行	教师点评
句型	1课时	1. 通读第一单元，找出出现频率高的句型以及理解有困难的句型 2. 分析句子结构（动词位置以及变化、人称代词变化、冠词变化等）	可个人或组内完成，每人/组选择一个任务进行	教师点评
语法	2课时	1. 完成G1练习，总结出德语人称代词 2. 通读G2，总结出德语动词变位规律 3. 完成G3练习，分析命令式表格，总结命令式在不同人称下的不同结构 4. 通过分析G4的范例句型，总结出德语定冠词与不定冠词和词性的关系	可个人或组内完成，每人/组选择一个任务进行	教师点评
课文	2课时	将之前系统学习的词汇、句型、语法运用于短文阅读和理解，针对拼读困难的单词以及句子可通过听配套录音模仿或寻求老师辅导	可个人或组内完成	教师点评

(续表)

学习板块	时间划分	活动程序	分组	评价依据
听力	1课时	完成课文配套听力并尝试解答，针对解答困难的部分可通过阅读听力原文降低听力难度或寻求老师辅导	可个人或组内完成	教师点评
口语会话	1课时	针对本单元主题并仿照课文内容寻找搭档进行对话，互相指出对方对话中的错误并加以改正。反复练习，直至达到对话流利并没有错误	分组进行	学生互评 教师点评
写作	1课时	从本单元主题中选取一个（如"unser Campus"）进行短文写作，可个人或组内共同完成，完成后与其他同学或其他小组交换文章并互相批改，探讨文章出现的问题并改正	可个人或组内完成	学生互评 教师点评

第二，现状分析：在第一阶段确定好本单元学习的大致框架后，老师提出本阶段的学习问题："什么可以作为我们开展学习活动的基础？"学生可以全体活动，也可以组织小组活动进行分组讨论。根据之前讨论得出的学习板块，每位学生搜集与学习板块相关的学习知识、学习资源和能力等，与其他同学分享，最终将各自的信息进行资源整合，在整合过程中确定有待进一步共同验证、探讨和加强认识的领域或方面。

第三，目标表述：针对第一阶段确定的学习目标，在本阶段中，教师需要引导学生开展具体的学习行动以达到目标。学生以个人或小组的形式通过报告、展示等方式向大家分享已有的知识、能力并提出在学习过程中发现的有待深入研究的问题；经过共同讨论，逐步明确并调整学习过程的具体目标以及要实现该目标需要进行什么样的活动、解决什么问题。

第四，寻找解决方案：此阶段活动需在小组内进行，学生先按照各自意愿自由分组，待确定小组后，各小组按照第一阶段商定的活动规则制定并实施各自的具体学习计划，并协作解决在之前的学习阶段中发现的问题。

第五，评选解决方案：组织各学习小组以报告、展示等形式阐述对之前发现的问题的解答；小组之间相互询问、求证、比较和评价，最终挑选出可能的最佳解答，并在此基础上对问题进行更深入的探讨以及研究；与此同时，将其他小组的正确观点进行整合，在教师的辅助下，共同努力探讨出对此学习问题的正确解答。

第六，表述学习成果：各小组或成员总结此前学习活动的收获，在班级或小组层面上相互交流、分享学习成果；检查此前商定的活动规则是否得到遵守，所确定的目标是否实现。

第七，回归现实：作为协作与反思学习过程的最后一个环节，要把所学到的知识、经验以及具备的能力等运用到语言实践中，要求学习者提出解决生活中常见语言问题的方案。

通过七阶段协作-反思过程的学习，学习者不仅掌握了德语专业知识，更重要的是学习者通过与其他学习者协商探讨，主动学习新知识及经验，并在与其他学习者共同学习的过程中不断检查以及反思学习过程中出现的问题，更新自身的思维和行动模式，最终达到德语学习以及实践能力的提高。

（二）基于项目的引导文教学法的应用

引导文教学法的前身是已在欧美国家有着悠久历史的项目教学法，项目教学法强调学生要尽可能自行完成确定目标、设计和实施工作过程以及评价工作效果等环节，教师不再主导教学过程。为了保证学生学习过程的自主性，尽量避免教师的干预，教师将讲授和演示材料转化为声像制品，并编写指导学生独立完成学习-工作过程的引导材料，供学生参考[1](253)。这样的方法逐渐在德国职业教育中得到广泛使用，被称为引导文教学法。在以往的德语传统教学中，德语知识的传授过于割裂以及理论化，学生多忙于被动输入单词、语法、句型等单一知识点，缺乏系统性、应用性的学习。此教学法的应用将德语作为一项语言技能，教师在教学前列出学生需掌握的语言技能项目以及相关的引导材料，学生通过引导材料自主学习并最终掌握该语言技能。该教学过程共分为六个学习步骤，笔者将以《当代大学德语1》Lektion 3中的主题"Tagesablauf erzählen"为研究对象，探讨此教学法在德语教学中的具体应用。

第一步：了解学习内容。学生通过阅读有关本主题内容的引导性问题理解本单元的学习任务，获得对本单元主题内容的初步印象。引导性问题范例如表2所示。

表2 关于如何描述一天的日程安排（Tagesablauf erzählen）的引导性问题

问题	重点内容
1. 如何表达钟点时间？	1. 数字复习 2. 正式用法 3. 日常用法：介词的正确使用；一刻、几点半的正确表达等
2. 如何表达星期几和一天中的时间段？	1. 星期一至星期日的词汇及词性 2. 早上至深夜的词汇及词性
3. 本单元提及哪些日程？	上学、回家、做作业、看电视、睡觉等

(续表)

问题	重点内容
4. 如何正确表达在什么时候做了什么事情？	1. 时间介词的正确搭配 2. 时间短语与日程短语的正确搭配 3. 时间性副词的正确使用以及在句子中的位置 4. "在什么时候做了什么事情"的句式结构

第二步：设计学习方案。学生根据引导文的提示计划学习过程。学习过程主要包括学习步骤、学习方法、学习资源搜索、任务分配、学习成果检查以及最终评价标准等。

第三步：确定学习方案。学生向老师汇报其独立设计的学习过程和计划，老师与学生就此展开讨论，探讨此方案的可行性及不足之处，共同优化学习方案。学生可向老师提出引导文中可能存在的问题或遗漏的知识点，老师可根据学生的建议进一步完善引导文的内容设置。

第四步：实施学习方案。在教师评估认为此学习方案可行后，学生按照学习方案开始学习。教师在此阶段只有在发现学生的严重错误时，才提供必要的指导与帮助。

第五步：自我评估学习成果。在按照学习方案完成学习过程后，学生依据拟定的评价标准，自行检查是否符合要求地完成了学习任务。

第六步：教师评估学习成果。老师检查学生的学习成果。如果教师的评估结果与学生在上阶段完成的自我评估结果不同，需要查清原因。若是学生评估错误造成的，教师需与学生讨论出现的错误及原因，并协商确定需借助哪些学习资源、补充哪些练习、获得哪些知识来完善学习成果。

引导文教学法着重培养学生的自主学习能力。学生通过自主学习，能够加强对学习资源的整合分析能力、对知识的深度理解能力以及独立决策能力，有助于其思维和行动能力的综合发展，加强在处理复杂性工作活动时的行动能力。引导文教学法摒弃了传统的教师单一的讲解和演示活动，教师可通过此教学过程因材施教，将更多的精力用于向在学习过程中遇到困难以及学习能力有欠缺的学生提供更多的指导和帮助上，从而达到学生的共同进步和成长。

（三）基于完整工作过程的教学活动设计的应用

此教学方法强调还原完整的职业过程，将学习融入真实的工作情境中，学生不再进行脱离实际的理论型学习，而是通过复杂的实践过程掌握真正的职业技能，提高职业素养。此教学模式在我国也被发展为"订单式培养",即以满足顾客需求为目标,学习活动在具体的工作过程中实现[1](256-257)。虽然德语学科与其他职业性较强的工科类学科相比缺乏直观的产品输出导向性,但是此教学法对于德语教学仍有很大借鉴意义。教师在教学设计中,应将德语学习融入真实的语言情境中,在真实的语言环境中搜寻贴近实际生活的问题并布置相关的语言任务,让学生通过小组讨论完成这些实际性的语言任务,以提高语言水平及实际运用能力。笔者将以《当代大学德语1》Lektion 5 中的 Ü5 为模板,尝试探讨此教学活动在德语教学中的运用:

  Ü5

  语言任务:准备一顿德国式的早餐

  语言材料:S. 188 T1 „Nicht immer geht die Liebe durch den Magen"

  任务要求:从 Max 的早餐里挑选一些东西,并在小组里共同起草一份丰盛的早餐食谱。请朗读食谱并展开讨论。

  讨论提示:哪组的食谱看起来最好吃?哪组的食谱最健康?哪组的食谱食物最多,哪组的最少?哪组的食谱最接近德国食谱?

第一步:深入分析任务要求,讨论完成该任务所需的人员、资源等,确定各组的人员分配,制定初步的工作进度计划。

第二步:制定具体的工作计划,可以寻求教师的帮助或查阅已有的工作计划以供参考,也可自行制定计划。

第三步:在经过充分讨论优化工作计划以及征求教师的意见后,最终确定工作计划的最终版本。如表 3 所示。

表3 关于"准备德国式早餐"的工作计划

任务	负责人员	工作时长
1. 阅读语言材料,提取关于 Max 早餐内容的信息	组员1	30 分钟左右
2. 上网搜寻德式早餐资料以及相关食谱,以供参考	组员2	20 分钟左右
3. 阅读德式早餐资料及食谱,理解有关德式早餐的德语词汇	组员3	30 分钟左右
4. 参考德语食谱资料,讨论自制食谱内容	全体组员	40 分钟左右
5. 确定食谱内容并绘制食谱	全体组员	1 小时左右

第四步:组员按照分配的任务自主执行工作计划,在执行任务时鼓励组员灵活采用各种手段完成分配任务,必要时可寻求其他组员或教师的协助。此阶段要求组员间互相协作配合,共同完成目标。

第五步：教师检查各项任务的完成情况，纠正出现的错误，并与组员讨论修改食谱方案。

第六步：课堂展示每组制作的食谱并介绍其制作背景及具体内容。其他小组就食谱的内容、设计等方面进行评价。最终由老师对每组食谱进行点评，指出每组制作的优点以及不足，并给出改进建议。

此教学方法的特点在于将学习以完成工作任务的形式呈现，学生在完成任务的过程中提高德语水平，这有利于激发学生的创造性，提高学生的协作能力以及解决问题的实际能力。

四、"行动导向"教学过程对于高校德语教学的意义

近年来，随着中德两国经济往来的加深，德资企业以及中德合资企业的数量不断增多，我国对于德语人才的需求也在日趋增长。传统的理论研究型的德语人才已无法满足企业的需要，而技术型人才更受到企业的青睐。为此，各高校纷纷推进德语教学改革，并在人才转型上取得了一定的成果。然而许多教学改革只是浮于表面形式，并未触及到问题根源所在。我国绝大部分高校的德语教学仍然采用的是传统的课堂讲授模式，此模式的优点在于学生能够在老师的讲解下快速掌握德语知识，然而学生的思维能力、德语实践能力却无法得到提高，而这些能力恰恰是企业最看重的。行动导向的教学过程则抛开不同的组织形式，其核心理念在于以人为本，以学生的行动为主导，确立学生在教与学活动中的主体地位；学生在具体情境中的小组学习，有助于发展和促进其交往互动能力、自我反思和行动调节能力以及协作学习能力[1](263)；学生通过独立自主地参与从计划到评价的完整学习过程，不仅提高了德语应用能力，其思辨、分析、决策以及解决问题的能力也在此过程中得到了锻炼，为其进入职业生涯奠定了坚实的基础。此外，行动导向的教学过程对于改善目前德语教学的环境也有一定的促进作用，教师的教学工作从传统的讲解演示模式转变为辅导模式，主要负责对课堂实践内容的把控、学生实践过程中的辅导以及对实践成果的评价。这在一定程度上减轻了教师的教学压力，拓宽了师生之间的沟通渠道，使教师能有更多精力了解学生在学习上的困难及诉求并制定更符合学生需求的解决方案。学生通过老师有针对性的辅导，能够迅速找出问题所在，从而更快速地进步，提升学习自信心及积极性。教师可以通过学生实践的成果及反馈，及时调整教学的难度与节奏，构建师生间的良性互动。在教学内容上，行动导向教学否定了

分门别类的课程结构，教师可以根据能力目标的需要灵活地安排学习内容，组织学习活动，赋予示范性学习、生成性学习和发现式学习活动更为重要的意义[1](263)。

五、结语

行动导向教学在20世纪90年代被确立为德国职业技术教育的教学法的根本准则。迄今为止，其仍然是德国职业技术教育界设计教学活动的基本原则[2](141)。20世纪90年代后期，行动导向教学引进至我国，在许多职业院校得到了较为广泛的应用并取得了较好的效果[2](263)。高校德语教学虽不属于职业教育的教学体系，然而该教学法中学生主导的教学理念及实践导向的教学形式为我国高校目前的德语教学建设提供了一个极具借鉴意义的思路及改革方向。同时，行动导向的教学对于高校德语的师资培养也是一次巨大的挑战：教师怎样处理好自身的角色转变，怎样设计课堂的流程，怎样有效地把控课堂的节奏，怎样辅助学生，怎样给出契合学生的建议及反馈等一系列问题，都需要我们在今后的教学实践中不断探索、积累经验，以期培养出更符合时代发展需求的优秀德语人才。

参考文献

[1] 姜大源,吴全全.当代德国职业教育主流教学思想研究：理论,实践与创新[M].北京：清华大学出版社,2007：8-9,54,61-63,248-263.

[2] 徐涵,谢莉花.德国职业技术教育研究[M].北京：北京师范大学出版社,2021：141,163.

[3] 吕亮平.高校德语课堂教学改革的实践与研究[J].教育教学论坛,2015(15)：261-262.

[4] 谢晓东.浅谈优化高校德语课堂教学有效性的策略[J].文化创新比较研究,2020(25)：76-78.

[5] 朱雯熙.行为导向教学法在德语教学中的应用——以《当代大学德语1》Vorkurs 6 为例[J].延边教育学院学报,2020,34(6)：87-89.

[6] 杜荣.中国德语专业教材《当代大学德语》使用情况调查结果与分析[J].德语人文研究,2019,7(2)：35-43.

中德文学翻译纪事：冯至的诗歌翻译和创作之路

黄　夏　深圳技术大学外国语学院德语系

内容概要：本文通过梳理冯至一生的成长轨迹和漫游经历，将其诗歌翻译和创作之路大致分为四个时期，分别是：以北京和哈尔滨为背景的青年时期、以海德堡和柏林为背景的德国留学时期、以昆明西南联大为背景的归国初期，以及新中国成立后时期。作为中国新诗史上最出色的抒情诗人之一和中国日耳曼学的奠基人，冯至的诗歌翻译与创作密不可分，诗人和学者的多重身份也给他的德语诗歌译作增添了独特的质感和专业素养。在每一个时期，他的文学翻译和创作都硕果累累，无论是新诗创作，还是诗学和译诗理论，都体现了独到的见解。

关键词：冯至；德语诗歌翻译；诗学；北京；哈尔滨；海德堡；柏林；昆明

作为中德文学翻译史上最重要的译者之一，冯至（1905—1993）及其诗歌译作当之无愧是中国百年诗歌翻译谱系研究的重点。中国的日耳曼学发源于此，无数的日耳曼学者师承于此。本文将梳理冯至先生的成长轨迹和漫游经历，将其诗歌翻译和创作之路划分为四个时期，分别是：以北京和哈尔滨为背景的青年时期、以海德堡和柏林为背景的德国留学时期、以昆明西南联大为背景的归国初期，以及新中国成立后时期。冯至先生是中国新诗史上最出色的抒情诗人之一，也是中国日耳曼学的奠基人，他的诗歌翻译与新诗创作密不可分。诗人、翻译家和学者的多重身份让他在每一个时期的文学翻译和创作方面都硕果累累。他为新诗创作本身、对新诗诗学和译诗理论的深入探讨，都作出了自己独有的贡献。

一、北京和哈尔滨（1916—1930）：青年冯至的烦恼——"我上无瓦片，雨水直扑我的眼睛"

冯至，原名冯承植，字君培，天津盐商之子，因八国联军侵华举家避难，出生于直隶涿州（今河北省涿州市）。降生之日起已家道中落，父亲常常失业，九岁时母亲病逝，幼年的不幸经历造就了冯至敏感孤独的性格。1916年，他考入著名的北京市立第四中学，在此期间深受两位国文教师的影响，在极大丰富了"狭隘而浅陋"[1](605)的中国古典语言文学知识的同时，也熟知了西方文学的流派。冯至的诗歌创作兴趣是从"写新诗开始的"[1](606)，最早的一首新诗写于1921年。考入北京大学德文系后，他开始大量阅读文学研究社、创造社出版的杂志和书籍，旧诗词和外国诗歌并重。郭沫若（1892—1978）翻译的歌德小说《少年维特之烦恼》（*Die Leiden des jungen Werthers*）和创作的诗集《女神》对他影响很大。1923年，冯至参加了浅草社，开始在《浅草季刊》、《民国日报》副刊《文艺旬刊》、《文艺周刊》上发表诗歌和散文。1925年，他在北京与好友杨晦（1899—1983）、陈翔鹤（1901—1969）、陈炜谟（1903—1955）成立沉钟社，社名取自德国作家豪普特曼（Gerhard Hauptmann，1862—1946）的剧作《沉钟》（*Die versunkene Glocke*），并得到了鲁迅先生的热情鼓励。

尽管北京的大学生活充满了青年人的活力，冯至却仍旧无法摆脱异乡人的孤独。1923年发表在《创造》季刊上的《归乡》组诗十六首中的序诗，表达了他的这种落寞："家乡开遍了平凡的花朵，／摘不到奇异的果实；／只因无处可使我停留，／我只好暂时归去！"[2](259)。1927年冯至出版了第一部诗集《昨日之歌》，其中，他坦言："我像是古代的牧童，／失掉了他的绵羊；／我像是中古的诗人，／失掉了他的幻想。"[2](46)。这个时期的他不管是在诗歌创作还是在翻译领域，都能看出深受德语诗人海涅（Heinrich Heine，1797—1856）的《归乡集》（*Heimkehr*）和《哈尔茨山游记》（*Harzreise*）、荷尔德林（Friedrich Hölderlin，1770—1843）的《许佩里翁的命运之歌》（*Hyperions Schicksalslied*）、莱瑙（Nikolaus Lenau，1802—1850）的《芦苇歌》（*Schilflieder*）和歌德（Johann Wolfgang von Goethe，1749—1832）的《威廉·迈斯特的学习时代》（*Wilhelm Meisters Lehrjahre*）的影响。

其中尤其值得注意的是他于1924年翻译发表在《文艺旬刊》上的《迷娘》（*Mignon*），大胆采用了中国五言古诗的诗歌体裁："谁解相思渴，／谁知我心伤！／远离众欢乐，／孤单何苍凉。举首天寥廓，／极目向彼方。／爱我识我者，／噫嘻在远乡。/我神多眩惑，/焦灼我心肠。/谁解相思渴，/谁知我心伤！"[3](21) 在冯至的解读里——迷娘在"文化"之外，两性之外，她没有故乡，却患着沉重的乡思[4](10)。没有故乡却怀着沉重乡思的冯至转而走向了追逐永恒（Das Ewige）的道路，他在《昨日之歌》中写道："我若是个印度人，/便迈入了浓密的森林；/我若是个俄国人，/便踏上了冰天雪地；/因为它们都是永久的，/在南天，在北极。/我呀，我生在温带的国里，/没有雪地没有森林——/我追寻我的永久的，/我的永久的可是你？/但是我怎样的走进呀，/永久里，永久里？"[2](72)。

1927年他从北大毕业，到哈尔滨第一中学教书，一年以后回到北京，作品大都发表于《华北日报》文艺副刊，1929年出版第二部诗集《北游及其他》。次年他与废名（冯文炳，1901—1967）合编《骆驼草周刊》。北游之地哈尔滨显然不是冯至寻求的"远方"，"那座城对我太生疏了，所接触的都是些非常古怪的人干些非常古怪的事"[2](124)，他诚实道出自己难以忍受北地的荒凉，"我就在这种景况里一行行、一段段地写了出来长诗《北游》。诗写完后，不禁想起杜甫的诗句：'此身饮罢无归处，独立苍茫自咏诗。'[2](124)"。"归终我更认识了我的自己，我既不是中古的勇士，也不是现代的英雄。"[2](124) 或许里尔克的诗句更能描述他孤苦伶仃的心境："我上无瓦片，雨水直扑我的眼睛"（"Ich habe kein Dach über mir, und es regnet mir in die Augen"[5](540)）。很少有读者知道，冯至发表诗作《北游》时使用的笔名"鸟影"，其实同样化用了歌德《威廉·迈斯特的学习时代》的词句"仅仅在转瞬即逝之中，就像鸟影掠过通明的大地而去"（"nur im Vorübergehen, wie der Schatten eines Vogels über die erleuchtete Erde hinwegfliegt"[6](440)）。这也预示着冯至要去往异国，真正开启自己的学习漫游时代。

在北京和哈尔滨时期，冯至总共翻译了包括海涅的《归乡集》（*Die Heimkehr*）、《抒情插曲》（*Romanzero*）中的若干首，歌德的《中德四季晨昏杂咏》（*Chinesisch-deutsche Jahres- und Tageszeiten*）、《魔王》（*Erlkönig*）和《掘宝者》（*Der Schatzgraber*），荷尔德林的《命运之歌》，莱瑙的《芦苇歌》等在内的外国诗歌（不限于德语文学）39首，分别发表在《文艺旬刊》、《文艺周刊》、《小说月报》、《沉钟》、《新中华报》副刊、《华北日报》副刊、《朔风》等刊物上。

二、海德堡和柏林（1930—1935）：青年学者冯至的学习和漫游时代——"可是我们要成熟，这就叫甘居幽暗而努力不懈"

从1930年10月至1935年6月，冯至先后到德国海德堡大学和柏林大学留学，主修新时期德国文学史（Neuere deutsche Literaturgeschichte），辅修哲学（Philosophie）和新时期艺术史（Neuere Kunstgeschichte），并通过好友杨晦逐渐在《沉钟》上发表作品，积极译介德语文学。在德国求学期间，他听过存在主义哲学家雅斯贝尔斯（Karl Theodor Jaspers，1883—1969）的课，阅读过克尔凯郭尔（Søren Kierkegaard，1813—1855）和尼采（Friedrich Nietzsche，1844—1900）的作品。德国新浪漫主义思潮的旗手、日耳曼语文学者宫多尔夫教授（Friedrich Gundolf，1880—1931）更是对他的德语文学素养和日后的学术道路有着深刻的影响。1935 年冯至以论文《自然与精神的类比作为诺瓦利斯作品中的文体原则》（*Die Analogie von Natur und Geist als Stilprinzip in Novalis' Dichtung*）在海德堡获得博士学位。

在海德堡和柏林的五年时光里，冯至一心向学，从未敢有一丝一毫的懈怠。以下为冯至 1930 年冬季学期（Wintersemester，标记为缩写"WS"）到 1935 年夏季学期（Sommersemester，标记为缩写"SS"）的课表[7](51)。这些课程既加深了冯至对德国文学、哲学、历史和艺术的理解，也为他成熟时期的诗歌翻译和创作打下了坚实的基础（如表 1）。

表 1　冯至在海德堡大学及柏林大学的课程表

教授名	课程名
Gundolf （1880—1931）	I. 德国晚期浪漫派 Deutsche Spätromantik；II. 克洛普施托克 Klopstock.（WS 1930/31） 宗教改革时期的德国文学 Deutsche Literatur im Zeitalter der Reformation.（SS 1931）
Alewyn （1902—1979）	I. 德国浪漫派 Die deutsche Romantik；II. 胡戈·冯·霍夫曼斯塔尔 Hugo von Hofmannsthal；III. 戈特弗里德·凯勒 Gottfried Keller； IV. 德国文学中自然感觉的发展历程 Die Entwicklung des Naturgefühls in der deutschen Literatur.（SS 1933）
Boucke （1871—1943）	现代戏剧 Das Drama der Gegenwart.（WS 1930/31） I. 自歌德至今的德国教育和成长小说 Der deutsche Bildungs- und Entwicklungsroman von Goethe bis zur Gegenwart； II. 浪漫主义小说，以 E. T. A. 霍夫曼为例 Der romantische Roman, insbesondere E. T. A. Hoffmann.（SS 1931） 启蒙和感伤主义时期的德国文学 Deutsche Literatur im Zeitalter der Aufklärung und Empfindsamkeit.（WS 1933/34） 德语文体史 Die deutsche Stilgeschichte.（WS 1934/35） 自 1750 年至今德国的中篇小说发展 Die Entwicklung der deutschen Novelle von 1750 bis zur Gegenwart.（SS 1935）

(续表)

教授名	课程名
Panzer （1870—1956）	I. 瓦尔特·冯·福格威德 Walter von der Vogelweide；II. 早期宫廷抒情诗 Der frühe Minnesang.（SS 1933） I. 德国口头民间文学（传说，童话，谚语，谜语，儿歌和民歌）Die mündliche Volksüberlieferung Deutschlands（Sagen，Märchen，Sprichwort，Rätsel，Kinder- und Volkslied）； II. 尼伯龙根之歌 Nibelungenlied.（WS 1933/34） 尼伯龙根传说和尼伯龙根之歌 Nibelungensage und Nibelungenlied.（WS 1934/35）
Jaspers （1883—1969）	I. 形而上学 Metaphysik；II. 黑格尔的逻辑学 Hegels Logik.（WS 1930/31） I. 存在主义哲学 Existenzphilosophie；II. 康德的判断力批判 Kants Kritik der Urteilskraft.（SS 1931） I. 真理和科学 Wahrheit und Wissenschaft；II. 黑格尔的精神现象学 Hegels Phänomenologie des Geistes.（SS 1933） I. 尼采 Nietzsche；II. 康德的纯粹理性批判 Kants Kritik der reinen Vernunft.（WS 1933/34） I. 新时期哲学史 Geschichte der neueren Philosophie；II. 尼采 Nietzsche.（SS 1934） I. 自康德至今的哲学史 Geschichte der Philosophie von Kant bis zur Gegenwart；II. 克尔凯郭尔 Kierkegaard.（WS 1934/35） I. 哲学入门 Einführung in die Philosophie；II. 尼采 Nietzsche.（SS 1935）
Grisebach （1881—1950）	I. 意大利文艺复兴时期的艺术 Die Kunst der italienischen Renaissance； II. 阿尔布雷特·丢勒 Albrecht Dürer.（SS 1933）

除了以上的课程表，在德国留学期间冯至给好友杨晦和维利·鲍尔（Willy Bauer）① 写的书信，也从侧面记录了这位勤奋好学的青年日耳曼学者留德五年的学习和生活。在给杨晦的信件里他说，"近代的欧洲，无论是政治，或是文艺，派别之多，真是从古未有。随它们乱转，只有弄得头昏眼花，不得善终。我现在决心在一个角落里待下去了"[1](110)。在"这个角落里"他制订了自己的研究计划："我在这里，除了读书，没有生活。除了 Goethe（歌德）我必须研究外。我的计划是：1. 19 世纪初期我想深研 Kleist, Hölderlin, Novalis（克莱斯特，荷尔德林，诺瓦利斯）。这三人是很可爱的。K 于 30 岁左右自杀，H 于 30 岁左右发狂，N 于 30 岁左右病丧。K 是倔强，H 是高尚，N 是优美：可以代表精神生活的三方面。2. 20 世纪初期的三诗人：George, Hofmannsthal, Rilke（格奥尔格，霍夫曼斯塔尔，里尔克）；这三人的成绩比起他们的祖先来恐怕是有过之，无不及。3. 还有欧洲在 19 世

---

① 冯至在德国海德堡大学留学时，在官多尔夫教授讲授的德国文学课堂上认识了德国同学鲍尔。参见冯至：《冯至全集：第十二卷 书信 自传年谱》，第 144 页注解。

纪的三个伟大的人，能使人敬仰，使人深省，并且在近代的哲学同宗教发生极大的影响：即尼采，托斯托以夫斯基，还有一个丹麦的思想家 Kierkegaard（克尔凯郭尔）。"[1](131) 在给鲍尔的信件里他说："我们必须有耐心，并甘于寂寞，不抱怨不叹息。让我们把里尔克的话牢记心间：他们要开花，/开花是灿烂的；可是我们要成熟，/这就叫甘居幽暗而努力不懈。"[1](147)"

在海德堡和柏林，冯至无疑通过学习和漫游逐渐走向了成熟，他不再拘泥于青年时代的感伤，而将孤独视为人生的必经阶段，颇有些尼采主张的积极禁欲主义（positiver Asketismus）的意味。1935 年冯至获得博士学位，导师在结业鉴定中谈到："冯先生打算在北京成为一名德语教师，我们可以庆祝德语文化拥有了这样一位受人尊敬和喜爱的代表。"（"Herr Feng gedenkt in Peking als Lehrer des Deutschen zu wirken, und wir dürfen uns beglückwünschen, einen so würdigen und sympathischen Vertreter der deutschen Kultur an dieser Stelle zu wissen."[7](59) ）

在海德堡和柏林时期及后来的归国初期，冯至主要翻译了里尔克的德语诗歌，包括《豹》（*Der Panther*）、《Pietá》、《一个女人的命运》（*Ein Frauen-Schicksal*）、《啊！朋友们这并不是新鲜》（*O das Neue, Freunde, ist nicht dies*）、《致奥尔弗斯的十四行诗》（*Die Sonette an Orpheus* 上卷第九首）、《啊诗人你说你做什么》（*Oh sage, Dichter, was du tust*）等 7 首，分别发表在《沉钟》和《新诗》等刊物上。

三、昆明（1938—1946）：诗人冯至和《十四行集》——"给我狭窄的心，一个大的宇宙！"[2](237)

回国后冯至先是在北平中德学会任职，不久离北平赴上海，任同济大学教授，兼附设高级中学主任。1937 年 9 月因抗日战争爆发，冯至随同济大学及附中内迁至浙江金华；年底，他又随校继续向江西撤退。1939 年起，冯至在西南联合大学外文系担任德语教授长达七年，并于 1941 年创作了 27 首十四行诗，即后来的《十四行集》。战后他出版了中篇历史小说《伍子胥》和抒情散文集《山水》。

在《昆明往事》一文中，冯至深情地写道："如果有人问我，'你一生最怀念的是什么地方？'我会毫不迟疑地回答，'是昆明'。如果他继续问下去，'在什么地方你的生活最苦，回想起来又最甜？在什么地方你常常生病，病后反而觉得更健康？什么地方书很缺乏，反而促使你读书更认真？在什么地方你又教书，又写作，又忙于油盐柴米，而不感到矛盾？'我可以一连串地回答：'都是在抗日战争时期的昆

明。'"[8](341)

在西南联大的岁月里，冯至从生涩的学徒转换为出色的教授，在战乱年代制定了以德语诗歌研究为重点的教学计划[7](62)（见表2），在教与学的转换中，他仍旧坚持诗歌是一个时期或者一场思想运动的代表和中坚力量，着重强调诗歌的审美价值，从歌德到里尔克的德语诗歌也成就了冯至诗人和学者的双重身份。

表 2　冯至在西南联大的课程表

学年	课程名
1939—1940	德语诗歌 Deutsche Lyrik
1940—1941	德语文学史 Geschichte der deutschen Literatur
1941—1942	浮士德和查拉图斯特拉 Faust und Zarathustra
1942—1943	歌德 Goethe
1944—1945	尼采 Nietzsche
1945—1946	浮士德研究 Faust-Studien

冯至的诗学主张（Poetik）与德国浪漫主义文学传统和欧洲世纪末的象征主义（Symbolismus）相联结，贯穿其诗歌创作始终的一个主题是以自身经历和宇宙距离为背景的个人与宇宙之爱[9](177)，他力图将主体（Subjekt）和客体（Objekt）、理智（Verstand）与情感（Gefühl）、诗歌（Poesie）和哲学（Philosophie）统一到新诗创作之中。其诗歌现代性发源于德国早期浪漫派和以康德为首的德国观念论（Deutscher Idealismus），而晚年歌德"诗与真"的诗学主张（Dichtung und Wahrheit），尼采的生命哲学（Lebensphilosophie），克尔凯郭尔、雅斯贝尔斯的存在主义哲学（Existenzphilosophie）是他诗学主张的宏伟背景，这可谓是在德国古典美学的深厚土壤中开辟了中国现代诗歌的试验场。不管他之后如何声称变换诗学主张，若以创作高峰《十四行集》（*Die Sonette*）为主要评断标准，冯至一生都处于德国浪漫主义传统影响之下，尤其深受早期浪漫派代表人物诺瓦利斯（Novalis，1772—1801）、新浪漫主义代表诗人里尔克（Rainer Maria Rilke，1875—1926）和以格奥尔格（Stefan George，1868—1933）为首的诗人群体（George-Kreis）的影响。要读懂冯至的诗歌理论，应将重点放在他对里尔克的"咏物诗"（Dinggedicht）和以晚年歌德为代表的德国古典文学的译介、中后期创作高峰《十四行集》以及在其直接影响下产生的"智性诗学"上，这三者有着密切联系。

众所周知，冯至一生深受奥地利诗人里尔克的影响，自留学德国起就与里尔克产生了重重精神羁绊。这位德语诗人的生平、人格、书信和作品既是他身处异国他乡时的重要精神慰藉，又是他文学译介和诗歌创作的主要灵感来源。"诗是经验，而非仅是情感"（"Die Verse sind nicht Gefühle, sondern Erfahrungen"[5](522)），这句摘抄自里尔克创作中期经典作品《马尔特手记》（*Die Aufzeichnungen des Malte Laurids Brigge*）的句子是留学时期的冯至将里尔克诗学奉为圭臬的主要原因之一，借此他摆脱了中国新诗初期过分强调"情感"的桎梏（起因是新文化运动，类似于德国"狂飙突进"〈Sturm und Drang〉时期的文学运动，强调解放个人情感和生命意志），进入了生命和创作的中年。虽然这并不是由冯至个人提出的创造性理解——早在 30 年代初期，专攻法语文学、与法国象征主义诗学联系密切的梁宗岱先生（1903—1983）就注意到了里尔克的这句话并多次强调其对中国现代诗歌的意义——但却是在他的诗学主张和诗歌创作的成熟时期发扬光大的。冯至不断强调，他从里尔克的"咏物诗"里学会了诗人的"观看"（Sehen）方式，一如罗丹的雕刻作品，是"人"与"物"的统一，"主体"和"客体"的统一，"情感"与"理智"的统一。虽然此时的冯至尚未觉察自己对歌德的热爱，却已经在里尔克的咏物诗和诗学主张里找到了与古典时期的歌德的对应点。有充分的证据表明，冯至的诗学理论是经由里尔克"咏物诗"而一步一步到达晚年歌德乃至德国古典美学本身的。

在冯至的自述文章《我和十四行诗的因缘》里，他提到，尽管在 20 年代中期，闻一多、徐志摩等诗人提倡格律诗进行新诗建设，并试图移植西方诗体到中国，冯至却明确表示"对格律诗不感兴趣"，"只求诗的语调要保持自然，适当注意形式"[10](91)。至于以格律谨严著称的十四行体，当时并不在冯至诗歌创作的视野范围内。不料在昆明西南联大时期（1941 年写作，1942 年首次印行），冯至却"突然"创作了 27 首十四行诗，迅速赢得各方高度评价，朱自清（1898—1948）盛赞"这集子可以说建立了中国十四行的基础，使得向来怀疑这诗体的人也相信它可以在中国诗里活下去"[11](31)。

专治德语文学的冯至，具备阅读德语原文的扎实语言功底和系统理解德语文学的深厚学术背景。德语诗人格吕菲乌斯（Andreas Gryphius, 1616—1664）的十四行诗《祖国之泪》（*Tränen des Vaterlandes*）和普拉滕（August von Platen, 1796—1835）的组诗《威尼斯十四行》（*Sonette aus Venedig*）曾给他的诗歌创作带来很大感触和启发。他认为十四行诗与一般抒情诗不同，"它自成一格，具有其他诗体不能代替的特点，它的结构大都是有起有落，有张有弛，有期待有回答，有前提，有后果，有穿梭般的韵脚，有一定数目的音步，它便于作者把主观的生活体验升华为客观的理性，而理性里蕴蓄着深厚的感情"[10](93)。但他又承认，自己写作十四行诗时"并不曾精雕细琢，去遵守十四行的格律"[10](93)，主要运用了十四行的结构。究其原因，一方面是内心要求，他认为"新诗刚从旧诗的束缚里解放出来，无须这样迫不及待地给自己套上新的枷锁"[10](91)，另一方面则是受到他最心仪的德语诗人里尔克创作的《致奥尔弗斯的十四行诗》（Sonette an Orpheus）的影响，认为诗句思想不能被固定格律所约束——正如里尔克所言，"给十四行以变化、提高、几乎任意处理"[10](96)，把"如此静止、固定的诗体"[10](96) 当作现代诗歌写作的实验场所。

受到里尔克的启示，冯至才放胆写作不受传统格律约束、能在结构中"运转自如"的十四行诗。至于为何独独选中十四行体（Sonett）（新文学运动中翻译为"商籁"），恐怕也与这种诗歌文体的特殊性相关。作为西方传统诗歌文体的十四行体，确实如冯至所言，有着严格的韵律和结构要求，其特性自文艺复兴以来就在文学巨匠彼特拉克（Francesco Petrarca，1304—1374）、莎士比亚（William Shakespeare，1564—1616）以及歌德的作品中发挥得淋漓尽致。尽管有着辉煌的历史，18 世纪以后十四行体却突然在整个欧洲销声匿迹，直到浪漫主义文学将其重新拾起打亮并延续至今。究其原因，还是十四行体严格的结构形式，适于呈现"正反题"（Antithese）的对立统一，是"艺术诗"（Kunstgedicht）写作的最理想表达方式，甚至在现代诗学上获得了"诗的基本形式"（Grundform der Dichtung）的美誉。[12](177) 其结构十分有利于表现"正题（These）—反题（Antithese）—综合命题（Synthese）"的智性思维方式（当然并非百分之百），可以完美传达浪漫主义文学传统追求的"有限与无限""诗歌和哲学"统一的理想。尽管冯至并未遵循严格的韵律要求，但其诗学主张却已跃然纸上，《十四行集》与"咏物诗"的结合，是一次统一"主体和客体""理智与情感""诗歌和哲学"的诗歌行动，是 20 世纪上半叶东西方文学传统的一次伟大碰撞。冯至《十四行集》的成功，直接影响了三四十年代"智性诗学"的代表——"九叶派"① 诗人的创作，由此一代中国诗人带着语言意识（Sprachbewusstsein）进入了探索新诗现代化的新时期。以今天西方现代诗歌的评价标准来讲，冯至的诗学主张接近"古典现代派"（Klassische Moderne）。

从昆明西南联大时期到中华人民共和国成立前，他总共翻译了包括尼采的《尼采诗抄六首》、《尼采诗抄五首》、《在敌人中间——根据一个吉卜赛人的谚语

---

① "九叶"源自德语 Neun Blätter，出自里尔克诗集《图像之书》（Das Buch der Bilder）——笔者注。

写成》（Unter Feinden — Nach einem Zigeuner-Sprichwort），里尔克的《里尔克诗十二首》，歌德的《哀弗里昂》（Euphorion）、《歌德格言短诗》等在内的外语诗歌（不限于德国文学）48首，分别发表在《大公报·文艺》《大公报·星期文艺》《文学》《新诗》《译文》《文聚》《文艺阵地》《益世报·文学周刊》等刊物上。

四、新中国成立以后（1949—）：日耳曼学者冯至——"向何处安排我们的思、想？/但愿这些诗像一面风旗/把住一些把不住的事体"

从1946年7月到1964年9月，冯至在北京大学西方语言文学系任教，在此期间从事《杜甫传》的写作和歌德研究。《十四行诗》以后，冯至很少再写诗。新中国成立以后，虽然仍出版了反映他第四时期诗歌创作思想的诗集《十年诗抄》，但已无力摆脱时代文学的通病。总体而言，此后的冯至已将大部分注意力转移到对德国诗人歌德和海涅的译介与学术研究上，并从中国古典文学中寻找创作灵感，《杜甫传》是他在这一时期的代表作。与青年时期相比，此时的冯至把更多的时间和精力用于教学和学术著作写作。

作为20世纪上半叶最重要的现代诗人之一，冯至的译诗理论与诗歌创作密不可分。其诗歌翻译和创作历时来看大体可分为四个阶段：青年时期、德国留学时期、归国初期（西南联大时期），以及新中国成立后时期。青年时期的译者冯至对德语文学基本上没有系统的认识，对诗歌翻译的选择取决于个人审美趣味，一如他早年的诗歌创作，偏好于表达青年感伤情绪的文学作品。留学德国以后，经过五年系统的学术训练，冯至已经成长为一名出色的日耳曼学者，不管在翻译还是创作方面的视野都与往日大为不同，不再满足于表达个人情绪的文学作品，而将写作和翻译重心转移到能统一哲理与情感的现代诗歌作品上。这一时期的冯至满怀热情地翻译了里尔克的诗歌作品，尤其是其中后期的代表作，如《新诗》（Neue Gedichte）和《致奥尔弗斯的十四行诗》中的一部分诗歌，希冀对中国新诗现代化做一个方向上的修正，阐明"诗不是情感，而是经验"。进入"人生中途"（冯至引用但丁《神曲》语，拉丁语："Nel mezzo del cammin di nostra vita"，德语："auf halbem Weg des Menschenlebens"）的冯至更是将现代生命体验融入创作和翻译，除了最喜爱的诗人里尔克，还重点译介了包括尼采和格里奥格、霍夫曼斯塔尔（Hugo von Hofmannsthal, 1874—1929）在内的德国新浪漫主义（Neue Romantik）诗人作品。新中国成立以后，冯至将翻译重心放到以歌德和席勒为代表的德国古典文学

（Weimarer Klassik）和以海涅、布莱希特（Bertolt Brecht，1898—1956）为代表的现实主义文学（Realismus）上。虽然冯至在新中国成立以后的文学创作比起之前逊色不少，但在德语文学翻译活动上却保持了学者一贯的高水准，尤其是在以歌德为主的德国古典文学的翻译中发挥了最关键的作用。

至于具体的诗歌翻译理论，冯至留下的文章很少，仅在《我和十四行诗的因缘》一文中，冯至提及其与十四行诗首次相遇，源于一次偶然机会翻译了法国诗人阿维尔斯（Felix Arvers，1806—1850）的十四行诗。翻译这首诗的动机并不是要介绍十四行体，过后冯至对译文质量也不甚满意（"语言拖沓，应该译得简练一点"[10](93)），但为了保持原形，他没有做任何改动。由此可见，冯至在诗歌翻译上更偏向于"异化"策略和直译方法，即迁就外语文化和保存外语表达习惯，这也暗合了中国新诗语言现代化的本意。

在谈到冯至的翻译观念和策略时，我们也可以参照德国哲学家瓦尔特·本雅明（Walter Benjamin，1892—1940）的著名翻译理论。在《译者的任务》（*Die Aufgabe des Übersetzers*）一文中，本雅明认为："除去信息传递，诗文的核心究竟是什么？就连蹩脚的翻译者也要承认，诗文的精髓难道不是某种深不可测的、神秘的、'诗意的'东西吗？翻译者如要再现这种东西，难道不是自己也该作起诗文来吗？"[13](90)（"Was aber außer der Mitteilung in einer Dichtung steht — und auch der schlechte Übersetzer gibt zu, daß es das Wesentliche ist — gilt es nicht allgemein als das Unfaßbare, Geheimnisvolle, 'Dichterische'? Das der Übersetzer nur wiedergeben kann, indem er — auch dichtet?"[14](50)）本雅明进一步指出："因此，从诞生之日起，翻译质量的最高赞誉并不是其能如原文般阅读，而是如实保持潜藏于逐字的原文含义，说出对语言互补性的伟大向往。一部真正的译作是透明的，它不会遮蔽原作，不会挡住原作的光芒，而是通过自身的媒介加强了原作，使纯语言更充分地在原作中体现出来。我们或许可以通过对句式的直译做到这一点。在这种直译中，对于译者来说基本的因素是词语，而不是句子。如果句子是矗立在原作语言面前的墙，那么逐字直译就是拱廊。"[13](91)（"Es ist daher, vor allem im Zeitalter ihrer Entstehung, das höchste Lob einer Übersetzung nicht, sich wie ein Original ihrer Sprache zu lesen. Vielmehr ist eben das die Bedeutung der Treue, welche durch Wörtlichkeit verbürgt wird, daß die große Sehnsucht nach Sprachergänzung aus dem Werke spreche. Die wahre Übersetzung ist durchscheinend, sie verdeckt nicht das Original, steht ihm nicht im Licht, sondern läßt die reine Sprache, wie verstärkt durch ihr eigenes Medium, nur um so voller aufs Original fallen. Das vermag vor allem Wörtlichkeit in der Übertragung der Syntax und gerade sie erweist das Wort, nicht den Satz als das Urelement des Übersetzers. Denn der Satz ist die Mauer vor der Sprache des Originals, Wörtlichkeit die Arkade."[14](59)）本雅明更是直言，"译者的任务就是在自己的语言中把纯语言从另一种语言的魔咒中释放出来，是通过自己的再创造把囚禁在作品中的语言解放出来。为了纯语言的缘故，译者打破了他自己语言中的种种的腐朽的障碍"[13](92)。（"Jene reine Sprache, die in fremde gebannt ist, in der eigenen zu erlösen, die im Werk gefangene in der Umdichtung zu befreien, ist die Aufgabe des Übersetzers. Um ihretwillen bricht er morsche Schranken der eigenen Sprache."[14](60)）为此，他总结道："翻译家的基本错误是试图保存本国语言本身的偶然状态，而不是让自己的语言受到外来语言的有力影响。当我们从一种离我们自己的语言相当遥远的语言翻译时，他必须回到语言的最基本的因素中去，力争达到作品、意象和音调的聚汇点。他必须通过外国语言来扩展和深化本国语言。"[13](93)（"[...] der grundsätzliche irrtum des übertragenden ist dass er den zufälligen stand der eignen sprache festhält anstatt sie durch die fremde sprache gewaltig bewegen zu lassen, er muss zumal wenn er aus einer sehr fernen sprache überträgt auf die letzten demente der sprache selbst wo wort bild ton in eines geht zurück dringen er muss seine sprache durch die fremde erweitern und vertiefen."[14](61)）

之所以引入本雅明的翻译理论来谈，是因为，从冯至翻译的德语诗歌和创作代表作《十四行集》来看，他孜孜不倦引进西方经典诗体来扩充中国新诗语言可能性的努力有目共睹，其翻译主张离本雅明应该不远。通过外国语言来扩展和深化本国语言，恐怕不仅是冯至及其同时代翻译者的使命，也是中国百年新诗现代化的题中应有之义。但歌德有诗云："在限制中方显示出能手"[11](26)（德语："In der Beschränkung zeigt sich erst der Meister"），作为译者的冯至，在诗歌翻译过程中当然不可能随心所欲、天马行空，他仍严格遵循内在的思想、意境、神韵与外在的格律、形式、韵脚和音步等的统一，"忠实和优美"双原则仍体现在其具体的翻译作品里。

从前文来看，诗歌翻译虽说在冯至的文学生涯中并不算是最重要的部分，但却是他确认自身身份的关键一步——"冯至成为中国日耳曼学的先辈之一，他不是作为语言学家，而是作为阐释者。在这个他自己选择的位置上，他可以说是被迫地一直去巩固自己的阵地，和从他植根于其内的传统中得到承认。"[10](224)（"Feng Zhi wurde zu einem der Väter der chinesischen Germanistik nicht als Philologe, sondern als Interpret. In dieser selbstgewählten Position war er sozusagen gezwungen, den eigenen Standort immer neu zu befestigen und aus der Tradition, in der er seine Wurzeln hat, zu legitimieren.")"为了外国文学和自己的诗歌创作的接受,于是还进行了翻译。接受是新的视野的拓宽,创作是自身表现和对此的确认,而翻译终归是一种(吸收),它同时也是作为一个外国人的自我意识。"[10](224) ("Zur Rezeption der fremden Literatur und der eigenen poetischen Produktion tritt nun noch die Translation. Rezeption als Erschließung neuer Horizonte, Produktion als Ausdruck des eigenen Selbst und dessen Vergewisserung, Translation schließlich als Anverwandlung, die zugleich auch Bewußtwerdung des Fremden als eines Fremden ist.") 比起诗学主张的强烈自觉性,冯至在译诗方面的理论主张稍显欠缺,至少书面写作留下的验证有限。总体而言,青年时期的冯至翻译时更偏重将外国诗歌"中国化",如前文所述,用五言古诗的格律来翻译歌德的《迷娘》。但在德国经过严格的学术训练以后,他反而更显松弛,减少了对文言的使用。比起音律的细节,更注重翻译作品的文哲内涵,散体-自由式的翻译策略可能更符合他这一时期的翻译原则。翻译作为"一个民族通向文化的首要一步"的工作("当一个民族把外国作品译成自己的语言时,那对它说来有如是通向文化的第一步"[15](502) 德语:"[...] wie es für eine Nation ein Hauptschritt zur Kultur ist, wenn sie fremde Werke in ihre Sprache übersetzt [...]."[16](370)),必定被德语语文学者冯至视为一项理应终身打磨的技艺。最好通过具体的翻译作品分析,同时结合相应时期的诗学背景,而不是一概而论,才能更为精细地总结译者的翻译理论和策略。不管是作为诗人还是作为翻译者,冯至都向读者展示了诗歌语言的无限可能性,正如他在《十四行集》第 27 首中表达的那样:"向何处安排我们的思、想?/但愿这些诗像一面风旗/把住一些把不住的事体。"[2](242)

新中国成立以后,冯至总共翻译了包括布莱希特的《赞美学习》(*Lob des Lernens*)、《布莱希特反法西斯十首》,海涅的《海涅诗选十二首》、《西里西亚的纺织工人》(*Die schlesischen Weber*)和《德国,一个冬天的童话》(*Deutschland. Ein Wintermärchen*),里尔克的《致奥尔弗斯的十四行诗》,歌德的《普罗米修斯》(*Prometheus*)和《掘宝者》等在内的德语诗歌 133 首,分别发表在《译文》《世界文学》等刊物上和由人民文学出版社结集出版。

五、结语:"但是这个命运你不要埋怨,/你超越了他们,他们已不能/维系住你的向上,你的旷远"

作为中国第一代日耳曼语文学学者和 20 世纪上半叶最出色的抒情诗人之一,冯至在 20 世纪对德语诗歌或者德语文学的译介贡献是无人可比的,其在中国现代诗歌场域中的创作尝试也是 20 世纪中国文学史上浓墨重彩的一笔。从北京到哈尔滨,从海德堡到柏林,再从上海到昆明,他总共翻译了以德语诗歌为主的外国诗歌 227 首。"他们要开花,/开花是灿烂的,/可是我们要成熟,/这叫做居于幽暗而自己努力。"("Sie wollten blühn, /und blühn ist schön sein; doch wir wollen reifen/und das heißt dunkel sein und sich bemühn."[5](378))这句由冯至引用自里尔克中期代表诗集《新诗》的诗句鼓励了整整一代中国现代诗人在风雨飘零中暗自努力勤耕不辍。冯至的诗学主张由此与中国人自十九世纪末以来被动遭遇的现代生命体验融为一体,是在中德文学传统影响下不断追求超越(Transzendenz),将"启蒙理性"和"浪漫反思"、"传统"与"现代",乃至"东方"和"西方"的对立冲突熔炉再造以求和解的一次有益尝试。

冯至先生集诗人、德语文学研究者、日耳曼语文学家和翻译家等多重身份于一身,著述广博,在 20 世纪中国现代文学史和学术史上享有盛誉。根据其诗歌创作风格可知,他主要有两个重要阶段值得重点研究:早年他创作新诗集《昨日之歌》《北游及其他》等,被中国现代文学之父鲁迅(1881—1936)称为"中国最为杰出的抒情诗人";后期诗集《十四行集》吸收了西方现代诗歌美学内涵和成熟的创作技巧,具有"诗里耐人沉思的理,和情景交融成一片的理"[11](29),被朱自清誉为中国新诗里"可以算是中年的诗"[11](31)。他学贯中西,在诗歌、散文、历史小说创作,尤其在德语诗歌翻译和研究等方面,都取得了令人瞩目的成就。诗人批评家唐湜(1920—2005)评价 40 年代的冯至时说,"一个沉思时代的窗帷由他揭开了"[11](33)。德语文学翻译家高中甫(1933—)认为冯至在诗歌翻译上独具匠心,"作为一个诗人,他在诗歌翻译上有着自己的优势,他也充分地利用了这种优势;这种优势就是诗人的激情和娴熟的表达能力"[15](503)。

德国著名汉学家顾彬(1945—)也曾经评价拥有多重身份的冯至:"诗人冯至的荣耀将文学研究家、日耳曼语文学家以及翻译家冯至的光彩映衬得有些暗淡。"[17](216) 他评价冯至于 1942 年付印的《十四行集》为冯至诗歌创作的顶峰,"甚至可以说是 20 世纪中国诗歌创作的顶峰"[17](216)。斯洛伐克汉学家高利克(1933—)

也对《十四行集》赞誉有加："《十四行集》这本薄薄的小册子是中国现代新诗发展史上一个重要的里程碑。不仅冯至自己的创作和他同时代的以及过去数世纪的中国文学孕育了它,而且整个世界文学,尤其是用德语写就的,从诺瓦利斯到里尔克的浪漫主义文学,也是它产生的土壤。"[9](176-177) "冯至的集子是诗歌深入探索沉思的示范,是艺术王国里富有价值的创造。"[9](199)

不管在诗学条件的先天优势还是诗学表现的后天综合能力上,冯至先生在中国百年诗歌翻译史里均可谓首屈一指,1988 年弗里德里希·宫多尔夫奖颁奖词(Friedrich-Gundolf-Preis)将其誉为"诗人型的学者,学者型的诗人和翻译家",实乃当之无愧。先生一生的诗歌翻译和创作成就也可用他《十四行集》里第九首《给一个战士》来升华:"你在战场上,像不朽的英雄/在另一个世界永向苍穹,/归终成为一支断线的纸鸢:/但是这个命运你不要埋怨,/你超越了他们,他们已不能/维系住你的向上,你的旷远。"[2](224)

参考文献

[1] 冯至.冯至全集.第十二卷:书信,自传,年谱[M].石家庄:河北教育出版社,1999.

[2] 冯至.冯至全集.第一卷,昨日之歌,北游及其他[M].石家庄:河北教育出版社,1999.

[3] 冯至.冯至全集.第九卷,海涅诗选,集外译诗[M].石家庄:河北教育出版社,1999.

[4] 冯至.冯至全集.第十卷,维廉·麦斯特的学习时代[M].石家庄:河北教育出版社,1999.

[5] Rainer Maria Rilke. Gesammelte Werke[M]. Herausgegeben von Annemarie Post-Martens und Gunter Martens. Stuttgart: Reclam Bibliothek, 2015.

[6] Johann Wolfgang von Goethe. Wilhelm Meisters Lehrjahre. Goethes Werke[M]. Hamburger Ausgabe in 14 Bänden. Textkritisch durchgesehen u. mit Anmerkungen versehen v. Erich Trunz. Bd. 7. Hamburg: Christian Wegner Verlag, 1948.

[7] ZHANG Huiwen. Kulturtransfer über Epochen und Kontinente. Feng Zhis Roman "Wu Zixu" als Begegnung von Antike und Moderne, China und Europa[M]. Berlin, Boston: De Gruyter, 2012.

[8] 冯至.冯至全集.第四卷,冯至选集,立斜阳集[M].石家庄:河北教育出版社,1999.

[9] 马立安·高利克.中西文学关系的里程碑[M].北京:北京大学出版社,1990.

[10] 冯至.冯至全集.第五卷,文坛边缘随笔[M].石家庄:河北教育出版社,1999.

[11] 冯姚平.冯至与他的世界[M].石家庄:河北教育出版社,2001.

[12] Ivo Braak, Martin Neubauer. Poetik in Stichworten. Literaturwissenschaftliche Grundbegriffe: Eine Einführung[M]. Berlin, Stuttgart: Gebrüder Borntraeger Verlagsbuchhandlung, 2007.

[13] 汉娜·阿伦特.启迪:本雅明文选[M].张旭东,王斑,译.北京:生活·读书·新知三联书店,2012.

[14] Hannah Arendt. Illumination[M].//Benjamin, Walter: Die Aufgabe des Übersetzers. Ausgewählt

von Siegfried Unseld. Frankfurt am Main：Suhrkamp Verlag，1977：50-62.

[15] 高中甫.限制中方显能手——谈冯至先生的诗歌翻译[J].世界文学,1991(1):284-291.

[16] Johann Wolfgang von Goethe. Alemannische Gedichte[M]. Berliner Ausgabe. Hrsg. Siegfried Seidel. Kunsttheoretische Schriften und Übersetzungen. Bd. 17. Berlin：Aufbau Verlag，1970：365-372.

[17] W.顾彬,张宽,卫东.路的哲学——论冯至的十四行诗[J].中国现代文学研究丛刊,1993(2):10.